Sommelier,

PROFISSÃO DO FUTURO

CIP – BRASIL. CATALOGAÇÃO-NA-FONTE
SINDICATO NACIONAL DOS EDITORES DE LIVROS, RJ

S679
3.ed.

Sommelier, profissão do futuro : técnicas para formação profissional / Association de la Sommelierie Internationale ; [tradução Talita M. Rodrigues]. — 3.ed. — Rio de Janeiro : Ed. Senac Rio de Janeiro, 2014.
104p. ; 16cm x 23cm

Tradução de: Sommelier, professione del futuro : indicazioni tecniche per il responsabile del servizio delle bevande
Glossário
ISBN 978-85-7756-044-8

1. Vinho e vinificação. 2. Vinho – Degustação. I. Association de la Sommelierie Internationale.

10-1493. CDD: 641.22
CDU: 641.87:663.2

ASSOCIATION DE LA SOMMELLERIE INTERNATIONALE

Associação Brasileira de Sommeliers

Sommelier,

PROFISSÃO DO FUTURO

TÉCNICAS PARA FORMAÇÃO PROFISSIONAL

3ª EDIÇÃO

Senac

Editora Senac Rio de Janeiro – Rio de Janeiro – 2014

SISTEMA COMÉRCIO-RJ
SENAC RIO DE JANEIRO

Presidente do Conselho Regional
Orlando Diniz

Diretor do Sistema Comércio
Julio Pedro

Diretor Regional
Eduardo Diniz

Associação Brasileira de Sommeliers (ABS)
Praia do Flamengo, 66 – Bloco B – sala 311
Flamengo – Rio de Janeiro – RJ – CEP: 22210-903
Tel.: (21) 2285-0497 – Fax: (21) 2265-2157
abs@abs-rio.com.br

Presidente da ABS Nacional
Danio Braga

Editora Senac Rio de Janeiro
Rua Pompeu Loureiro, 45/11º andar
Copacabana – Rio de Janeiro
CEP: 22061-000 – RJ
comercial.editora@rj.senac.br
editora@rj.senac.br
www.rj.senac.br/editora

Conselho Editorial
Julio Pedro, Eduardo Diniz, Marcelo Toledo, Ana Paula Alfredo, Francisco Lopes, Wilma Freitas, Manuel Vieira e Karine Fajardo

Publisher
Manuel Vieira

Editora
Karine Fajardo

Produção editorial
Camila Simas, Cláudia Amorim e Jacqueline Gutierrez

Projeto gráfico e editoração eletrônica
Ronaldo Ramos

Tradução
Talita M. Rodrigues

Revisão técnica
Associação Brasileira de Sommeliers (ABS)

Edição de texto
Valéria Prest

Copidesque
Fernando Veloso

Fotos da edição brasileira
Marco Rodrigues

Produção fotográfica
Angélica de Paula Freire e Juliana Ibiapina Chiaradia

Modelos das fotos
Marcos Lima, Adriana Pinto e André Luiz Silva do Nascimento

Fotos adicionais (páginas 50 e 58)
Gianfranco Patrignani

Traduzido de *Sommelier, professione del futuro: indicazioni tecniche per il responsabile del servizio delle bevande*

Texto elaborado pela Comissão Didática da ASI
Guy Bonnefoit (Alemanha), Myriam Broggi (Suíça), Paul Brunet (França), Jacques Orhon (Canadá), la Orre Montan (Suécia) e Giuseppe Vaccarini (Itália)

Colaboração
Jean-Yves Bernard, Don Jean Léandri (Canadá); Michèle Chantome-Ästrom, Jean-Michel Deluc, Jean Frambourt (França); Davide Comoli (Suíça); Andrea Gilardoni, Fabrizio Maria Marzi, Alberto Merìco, Claudia Moriondo, Aimo e Nadia Moroni, Rossella Romani, Giancarlo Rocciola e Fabio Scarpitti (Itália)

2ª reimpressão da 3ª edição
Agosto de 2014

Impressão
Finaliza Editora e Indústria Gráfica Ltda.

A PROPÓSITO DO VINHO...

A arte do sommelier faz de
qualquer ocasião à mesa um
acontecimento inesquecível.
(G. Vaccarini)

Sirva-se pouco e finja beber.
Encha-lhe a taça continuamente,
em breve ela será sua.
(Ovídio)

Vinho novo, amigos novos.
(um eclesiástico)

O vinho é uma criatura
muito jovial, se bem usada.
(W. Shakespeare)

Se Deus proibisse a bebida,
teria Ele criado este vinho tão bom?
(Richelieu)

Um livro, um amigo e
uma garrafa de vinho
fazem você feliz.
(Molière)

Os vinhos são feitos para estarem,
como os diamantes num anel,
engastados numa refeição.
(P. Pons)

No vinho há vida.
(Petrônio)

Beber água durante as refeições
é muito perigoso; resfria o estômago
e torna o alimento indigesto.
(escola salernitana)

Com o vinho se alimentam a força,
o sangue e o calor dos homens.
(Plínio)

A penicilina cura os
homens, mas é o vinho
que os faz felizes.
(Sir Alexander Fleming)

Chegue-se ao vinho,
mas não o beba até
a embriaguez.
(Confúcio)

O vinho incentiva a esperança.
(Aristóteles)

E creio que felizes são os
homens que nascem onde estão
os bons vinhos.
(L. da Vinci)

O vinho é a mais higiênica
e saudável das bebidas.
(L. Pasteur)

Dizer que não se deve trocar
de vinho é heresia; a língua
satura-se e, depois da terceira taça,
até o melhor deles não desperta
mais do que uma sensação banal.
(Brillat-Savarin)

A *sommellerie* é uma
escola de vida.
(G. Vaccarini)

Fruto de uma parceria com a Associação Brasileira de Sommeliers (ABS), este livro constitui um ponto de referência para todos os que se interessam pela atividade de sommelier – o que inclui tanto o estudante como o próprio especialista na arte de escolher e servir vinhos –, uma das mais refinadas e antigas do mundo. Assim, configura-se como uma obra de fundamental importância para os projetos de formação e qualificação profissional desenvolvidos pelo Senac Rio de Janeiro; neste caso, especialmente por sua área de Gastronomia.

Aqui se encontram, relacionados pela Association de la Sommellerie Internationale (ASI), padrões específicos que devem nortear essa profissão, segundo critérios aceitos mundialmente. Sabemos que, hoje, as atribuições do sommelier exigem muito mais que o conhecimento sobre o vinho e a forma de servi-lo – seja sozinho, seja na melhor combinação com um prato. Cada vez mais, é necessário que ele se dedique a ampliar sua cultura em áreas diversas, como marketing, finanças, idiomas estrangeiros; e, imprescindivelmente, que esteja capacitado a criar uma carta de vinhos e administrar uma adega.

Com a publicação deste livro, o Senac Rio de Janeiro orgulha-se de prestar sua colaboração para que o sommelier tenha a oportunidade de se aperfeiçoar, de modo que esteja apto a valorizar o trabalho que executa.

Senac Rio de Janeiro

É com imenso orgulho e satisfação que apresento *Sommelier, profissão do futuro*, obra fundamental para a valorização e o reconhecimento da profissão de sommelier. Indispensável para os profissionais que estão se iniciando no setor aos mais experientes, bem como para aqueles que apreciam o vinho e interessam-se por expandir seu conhecimento na arte do bem servir, estudantes de gastronomia, profissionais do setor hoteleiro e amantes da boa mesa encontrarão nesta obra informações valiosas a respeito de aspectos administrativos e de marketing, além de conhecimentos específicos para aprimorar o serviço do vinho de maneira distinta e elegante.

O Senac Rio de Janeiro – instituição de referência que tem como objetivo gerar e aprofundar conhecimento – e, em especial, seu presidente Orlando Diniz foram os parceiros ideais na realização deste projeto, avalizado pela Association de la Sommellerie International (ASI).

Ferramenta imprescindível para quem deseja atuar de maneira profissional, distinta e elegante, utilizando uma linguagem direta e prática e didática exemplar, *Sommelier, profissão do futuro* tem como objetivo servir de orientação no treinamento e na capacitação dos sommeliers modernos, promovendo o reconhecimento dos profissionais que atuam nesse setor, tendo sempre em vista a excelência do serviço prestado aos clientes e o aprimoramento contínuo daqueles que se dedicam à atividade seguindo à risca as convenções e os padrões estabelecidos pela ASI.

Sinto-me honrado e grato a todos os companheiros da Associação Brasileira de Sommeliers (ABS) por terem acreditado em meu empenho para transformar essa entidade na segunda maior associação de sommeliers do mundo – atrás apenas da Itália – e por levar adiante um projeto que ressalte a importância da excelência da profissão.

Saúde!

Danio Braga
Fundador e Presidente Nacional da Associação Brasileira de Sommeliers (ABS)

SUMÁRIO

Prefácio

Fundada em 1969, a Association de la Sommellerie Internationale (ASI) é constituída por representantes de 39 países. Seu principal objetivo é valorizar, em todos os aspectos, a figura profissional do sommelier.

A ASI elaborou este livro detalhado sobre as responsabilidades de um sommelier como apoio à aquisição do conhecimento e da técnica do serviço profissional de vinho e outras bebidas. Boas orientações nem sempre estão disponíveis, e aqui se pretende suprir as necessidades do sommelier moderno. Na verdade, nossa intenção é ressaltar a importância da presença de um especialista em qualquer empreendimento e mostrar que ele não é responsável unicamente pelo serviço do vinho à mesa. O sommelier deve também ter habilidades administrativas e empresariais, assim como conhecimento, humildade, classe, estilo e boa conduta para agradar ao cliente, respeitando os interesses do proprietário da empresa. A esses requisitos devem se juntar qualificações básicas, tais como estar sempre em contato com o mundo vitivinícola e ser capaz de aconselhar a clientela.

É um objetivo ambicioso, mas sua conquista é necessária para garantir um grande avanço na qualidade indispensável ao setor de restaurantes.

Este livro tem capítulos curtos que ressaltam exatamente como o sommelier deve comportar-se em diversas situações do dia a dia, cobrindo uma ampla variedade de tarefas a serem executadas com correção e competência. A finalidade geral é promover seu prestígio e reconhecimento como um profissional qualificado.

Como se pode observar, esta obra pretende ser simples e prática. Para mim, é importante ressaltar que a ASI tem o propósito de estabelecer convenções precisas para o serviço do vinho, que aliam o que há de melhor nas tendências e nos hábitos de diferentes países, de modo que sejam aceitas mundialmente.

Consideramos a iniciativa de estabelecer padrões para o serviço do vinho a mais importante entre as muitas sugeridas. É também nossa intenção aprimorar e valorizar ao máximo todos os tipos de competição, das nacionais às internacionais. Acreditamos que esse confronto de conhecimentos e habilidades seja a melhor forma de incentivar a nova *sommellerie*, apoiando, assim, seu crescimento.

Este livro deve se configurar como um pacto de união entre todos os sommeliers – do iniciante ao mais experiente. O contínuo treinamento é um papel fundamental e estimulante da ASI em âmbito internacional. Sua meta é permitir que se compreendam o valor e a nobreza dessa profissão e a importância de se aprimorarem todos os seus aspectos, a fim de que se ofereça ao cliente um serviço da mais alta qualidade.

Trata-se, portanto, de um subsídio indispensável para o treinamento do sommelier moderno, que hoje é cada vez mais reconhecido no mundo da hotelaria e dos restaurantes.

Association de la Sommellerie Internationale (ASI)

1
CAPÍTULO

O papel do sommelier

O QUE É UM SOMMELIER?

O sommelier é um profissional de hotelaria e bufê. Chama-se sommelier o especialista que aconselha a clientela na escolha de vinhos e outras bebidas e garante seu correto serviço. Dependendo de suas responsabilidades e experiências, ele compra, gerencia e promove as vendas de tais produtos.

Esse profissional tem participação ativa na organização, motivação e treinamento da equipe. Seu empenho e o amor que dedica ao trabalho valorizam a imagem da profissão e da empresa em que atua. Suas principais metas devem ser a satisfação do cliente e a preservação dos interesses do proprietário do empreendimento.

Em muitas culturas, quem servia a bebida divina – o vinho – era um personagem com uma aura mística. O especialista em vinhos tinha a capacidade de perceber sutilezas de fragrância e sabor que outros não observavam. Isso o fazia, de certa forma, uma figura misteriosa e sobrenatural.

O termo sommelier origina-se de *somme/sommier*, em provençal *saumalier*, isto é, o responsável pelos animais de carga, os bois que puxavam os carros usados no transporte de comida e bebida. Com o tempo, o significado se estendeu ao criado que arrumava a mesa e servia.

A profissão de sommelier, como a conhecemos, surgiu no século XIX com a inauguração dos grandes restaurantes e, posteriormente, dos grandes hotéis. Expandiu-se até as décadas de 1960 e 1970, quando foi atingida pela crise econômica durante a recessão. Hoje, graças ao desenvolvimento de muitos países, ela volta a ser uma atividade próspera. De fato, em 2003 os membros da ASI representam 39 países.

Associações nacionais filiadas à ASI*

Asociación Andorrana de Sommeliers - Andorra
Asociación Argentina de Sommeliers - Argentina
Österreichschen Sommerlierverband - Áustria
Gilde der Belgische Keldermeesters B.Z.W.D. - Bélgica
Associação Brasileira de Sommeliers - Brasil
Bulgarian Association of the Sommeliers - Bulgária
Association Canadienne des Sommeliers Professionnels - Canadá
Asociación Sommeliers de Chile - Chile
Hong Kong Sommelier Association - China (Hong Kong)
Hrvatski Sommelier Klub - Croácia
Associace Sommelierú Ceská Republika - República Checa
Dansk Sommelier Förening - Dinamarca
Association des Sommeliers d'Estonie - Estônia
Union de la Sommellerie Française - França
Geschäftsstelle Sommelier Union Deutschland E.V. - Alemanha
The Academy of Food & Wine Service - Inglaterra
Greek Sommeliers Union - Grécia
Hungarian Sommelier Association - Hungria
Korean International Sommeliers Association - Coreia do Sul

* Fonte: Annuaire 2003 – Association de la Sommellerie Internationale – Edição: ECER.

Samtök Íslenskra Vínþjóna – Islândia
The Irish Guild of Sommeliers – Irlanda
Associazione Italiana Sommeliers – Itália
Japan Sommelier Association – Japão
Association Luxembourgeoise des Sommeliers – Luxemburgo
Asociación Mexicana de Sommeliers, S.C. – México
Association Monégasque des Sommeliers – Mônaco
Nederlands Gilde van Sommeliers – Países Baixos
Den Norske Vinkelner Forening – Noruega
Associação dos Escanções de Portugal – Portugal
Clubul National al Someleriei din Romania – Romênia
Russian Association of Sommeliers – Rússia
Asociácia Someliérov Slovenskej Republiky – Eslováquia
Sommelier Slovenije – Eslovênia
Unión de Asociaciones Españolas de Sumilleres – Espanha
Svenska Sommelier Föreningen – Suécia
Association Suisse des Sommeliers Professionnels – Suíça
Türk Somelyerleri Dernegi – Turquia
American Sommelier Association – Estados Unidos
Asociación Venezolana de Sommeliers – Venezuela

O SOMMELIER HOJE

A imagem do sommelier está mudando. Se, durante muitos anos, ele foi alguém que conhecia vinhos e sabia servi-los à perfeição, hoje lhe são exigidos habilidades e conhecimentos mais profundos e diversificados.

O serviço do vinho ainda é o aspecto mais fascinante dessa atividade, pois permite ao sommelier mostrar suas qualidades profissionais e também humanas.

É cada vez mais importante que ele saiba criar e atualizar a carta de vinhos, fazer boas aquisições, administrar bem uma adega e controlar as finanças e o marketing da empresa para a qual trabalha.

Embora a experiência seja imprescindível, o conhecimento do sommelier deve se basear em conceitos científicos e na contínua atualização das artes do seu ofício. Ele é um profissional capaz não só de sugerir o melhor vinho para cada prato e servi-lo com cuidado e atenção, como de compreender de imediato as exigências do cliente para tomar a atitude mais adequada sem ser hostil, altivo ou subserviente. Essa, por conseguinte, é uma profissão rica em aspectos técnicos, humanos e psicológicos, e que exige um alto nível de sensibilidade.

O sommelier é quem pode ensinar a apreciar cada nuança de cor e de perfume oculta no vinho, sugerindo as melhores combinações com os pratos e proporcionando o reconhecimento dessa preciosa bebida, presente com frequência nos momentos mais importantes de nossas vidas.

Seu trabalho está estreitamente ligado à busca de uma melhor qualidade de vida, baseada em uma boa alimentação que se faça acompanhar dos vinhos mais adequados, servidos da melhor maneira e em um ambiente refinado. É um esforço constante para satisfazer plenamente ao desejo do cliente, instruindo-o em uma cultura enogastronômica que exige empenho e paixão.

A satisfação que o sommelier saberá oferecer ao cliente será proporcional à sua preparação e às suas qualidades humanas. O nível do seu desempenho, a imagem da empresa, o grau de contentamento da clientela, assim como a lucratividade do negócio, serão a marca do profissional.

Trabalhando como empregado ou como patrão, ele não deve jamais confiar unicamente na sua própria experiência e instinto, mas sempre no conhecimento específico e nas qualidades pessoais fundamentais.

Por vezes, o sommelier é considerado um autodidata cujo trabalho se aperfeiçoa com a experiência. Mas ele deve ser visto como um profissional que atingiu alto grau técnico executando tarefas bem definidas e solucionando problemas específicos.

O sommelier tem de ser capaz de mostrar autoridade profissional e autoconfiança, resultantes do seu treinamento e da sua experiência e que lhe permitem prestar as melhores orientações.

A relação que o sommelier estabelece com clientes e colegas deve ser sempre profissional e ética, para garantir e proteger a clientela e os colaboradores, impondo a máxima discrição.

Entre suas obrigações está a constante atualização de habilidades e conhecimentos, adquiridos não só pela experiência, mas também pelo contato com informações sobre as novidades na gastronomia e na indústria hoteleira e de restaurantes em todo o mundo.

O desejo constante de aprimoramento, entretanto, não deve se transformar em um carreirismo desenfreado, em uma corrida desabalada em busca de novos horizontes, em detrimento de uma atitude séria e honesta. Para tanto, cabe ao sommelier respeitar sempre a ética profissional.

Qualificações indispensáveis ao sommelier

A presença do sommelier confere ao hotel e ao restaurante um grande prestígio. Embora essa profissão, por problemas de organização ou gerência, não tenha sido tão comum no passado, ultimamente ela vem sendo aperfeiçoada em muitos países.

No entanto, a renovação profissional enfrenta alguns obstáculos, em parte porque os jovens preferem empregos que lhes exijam menos responsabilidade e sacrifícios.

É provável que essa atividade não esteja recebendo o devido incentivo ou talvez haja restrições ao treinamento por parte de alguns patrões que visam apenas ao lucro rápido, quase sempre efêmero, em vez de buscarem objetivos a médio e longo prazos.

A formação de um sommelier exige cursos de especialização no exterior, assim como estudos e atualizações contínuos. Sua experiência pode ser enriquecida com períodos de treinamento em empresas de vários países, a fim de que ele experimente as diferentes oportunidades que o setor oferece.

Só assim é possível a esse profissional aprender novas técnicas de trabalho e aprofundar o conhecimento enológico – ou seja, do que se refere aos vinhos – e gastronômico, no que diz respeito às cozinhas clássicas, regionais e internacionais. É também o que lhe permite estar sempre aberto às novas tendências do mercado, para ser capaz de realizar uma das tarefas mais fascinantes e complexas: a de combinar comida e vinho.

Além do amplo conhecimento de vinhos e alimentos, o sommelier moderno deve dominar as técnicas de comunicação e venda, de promoção e marketing, de gerenciamento do setor de bebidas, além de ser fluente tanto no idioma materno quanto em línguas estrangeiras.

Se, para ele, é proveitoso trabalhar em uma empresa de prestígio, para esta também é vantajoso tê-lo como colaborador, pois sua imagem é beneficiada pela presença de um profissional qualificado e empreendedor.

Pode-se afirmar, portanto, que o sommelier hoje está apto a participar de um grupo de pessoas capazes de administrar um negócio e atender às variações de demanda, mas não deve jamais se esquecer de ser ele mesmo – competente, porém humilde, sem presunções, e estar sempre disponível para o cliente.

Comportamento

Para ser digno do nome, o sommelier deve ter classe e estilo, ser capaz de lidar de forma precisa, polida e adequada com todos os tipos de clientes que frequentam o restaurante onde trabalha.

A cultura é um aspecto extremamente importante do seu treinamento. Além de um bom nível de conhecimento, requer-se que ele tenha especialização no serviço de hotel e restaurante. Muito dinamismo e mente aberta também são necessários, para que saiba se comunicar com todos e ser receptivo às mudanças na profissão, tendo sempre em mente que a humildade, hoje tantas vezes desprezada, é uma exigência básica para o bom relacionamento com o cliente.

Tato, cortesia e bom humor devem sempre constar das qualidades de um sommelier, assim como a pontualidade e a precisão. Elas o farão conquistar o respeito de colegas e superiores.

Capacitações profissionais

O sommelier conhece e sabe aplicar as técnicas e normas do serviço, assim como domina as regras humanas e de comportamento. Ele obedece à etiqueta, mas sempre com movimentos e atitudes naturais, jamais agindo de forma afetada ou excessivamente controlada. É um perfeito entendedor de vinhos, bem como de todas as outras bebidas. Possui algum conhecimento de viticultura, enologia e da terminologia da degustação e legislação vitivinícola; não apenas da sua própria região, mas também de outras nacionais e internacionais.

É absolutamente indispensável ao sommelier conhecer as técnicas de degustação para ser capaz de descobrir e avaliar cada pequeno segredo oculto na bebida e poder aconselhar bem o cliente. Sua sugestão é sempre a melhor porque ele domina e sabe aplicar os princípios da combinação de pratos e bebidas. Isso implica não só o conhecimento dos vinhos, como também da composição das várias especialidades gastronômicas. Esse aspecto, um dos mais importantes do seu ofício, coloca em evidência sua capacidade de degustação e a de descobrir as características de produtos variados.

A relação qualidade/preço é um fator igualmente importante quando se consideram as atribuições do sommelier, que incluem comprar e administrar a adega, ou seja, saber escolher produtos de qualidade para a empresa e agir de forma sensata em termos econômicos.

Ele deve ter noções sólidas de gerenciamento do setor de bebidas, porque estará encarregado de elaborar tanto o orçamento quanto o plano financeiro para os vinhos, controlar o estoque e redigir a carta de vinhos.

Como já foi dito, o sommelier aconselha o cliente e estabelece um relacionamento baseado na confiança para que este aceite sua sugestão e fique satisfeito. É essencial, portanto, que ele conheça e, especialmente, aplique técnicas de comunicação bem desenvolvidas para aprimorar continuamente sua imagem pessoal e profissional.

Saber se comunicar é muito útil não só no convívio com os clientes, mas também nas relações públicas com produtores de vinho e outras bebidas ou com organizadores de recepções e demais eventos dos quais ele venha a participar.

Além disso, o sommelier deve ser ativo, ter grande poder de observação e saber prever o que o cliente deseja. Acrescente-se a tudo isso uma excelente memória para se lembrar das pessoas, reconhecê-las e cumprimentá-las gentilmente quando elas voltarem ao restaurante.

O domínio de línguas estrangeiras é imprescindível no tratamento com clientes de outros países. São muito importantes o francês, que é o "idioma do vinho"; e o inglês, usado internacionalmente.

Para estar sempre aprimorando seu profissionalismo, o sommelier nunca deve se considerar um "sucesso", mas se manter permanentemente interessado em cursos de atualização e degustação de produtos no mundo inteiro, tanto dos novos quanto daqueles já familiares.

Esse profissional, portanto, é ambicioso, porém sem querer ser superior de um modo negativo nem se comportar de forma pouco ética com seus colegas. Seu objetivo são metas mais altas, e lhe cabe se esforçar para vencer até as maiores dificuldades.

O sommelier que deseja fazer carreira precisa ter aptidão para liderança, isto é, autoridade e capacidade de conquistar a confiança dos colegas, não hesitando em compartilhar seus conhecimentos.

Ele é carismático, sabe se fazer respeitar, mas sem arrogância. É capaz, também, de gerenciar seu departamento de tal forma que cada membro entenda exatamente quais são suas atribuições e que, portanto, está trabalhando com o máximo de eficiência e eficácia, e em harmonia.

Por que empregar um sommelier?

Para organizar as compras...

... o sommelier adquire bebidas de qualidade de acordo com o orçamento e o estilo do restaurante e da cozinha, e dentro da capacidade de estoque, escolhendo os produtos após cuidadosa degustação e avaliação. Para isso, fundamenta suas decisões no princípio básico da relação qualidade/preço.

Para administrar as compras e conferir os estoques...

... o sommelier assegura o gerenciamento ideal da adega, verifica a temperatura e o grau de umidade para garantir as melhores condições de armazenagem, além de manter atualizada a carta de vinhos.

Para supervisionar as relações com outros serviços internos da empresa...

... o sommelier supervisiona o treinamento da equipe de funcionários e incentiva a boa cooperação entre o pessoal da cozinha e do restaurante.

Para fazer as vendas no restaurante...

... o sommelier garante o estoque adequado na adega e atualiza o controle de entrada e saída dos vinhos e outras bebidas, proporcionando o crescimento das vendas.

Para valorizar a comida...

... o sommelier aprimora a harmonia entre pratos e vinhos escolhendo as combinações mais adequadas.

Para cuidar do relacionamento com a clientela...

... o sommelier aconselha o cliente e atende, se possível, aos seus desejos e orçamentos; ele serve as bebidas com classe, estilo e discrição, sempre de bom humor e esquecendo problemas pessoais.

2
CAPÍTULO

Técnicas de administração da adega e dos utensílios do sommelier

Orçamento e marketing

O orçamento é o guia para o gerenciamento das bebidas. Em geral, é planejado para curto, médio e longo prazos, e define a base de avaliação das atividades administrativas durante esses períodos, desde os objetivos predefinidos até os resultados esperados.

Criados e revistos anualmente, os orçamentos incluem a identificação das metas do negócio e como estas serão alcançadas, a estimativa de despesas e receita, os recursos necessários e os sistemas de administração e controle empregados.

Normalmente, são elaborados por uma "comissão de orçamento" composta pela gerência, ou seja, o gerente do empreendimento e o gerente de alimentos e bebidas. Essa comissão considera o desempenho passado e o atual, confrontando-os com o que foi previsto para o ano corrente.

Um orçamento de despesas é particularmente útil para o sommelier, pois o ajuda a administrar a adega. É necessária a contínua monitoração e avaliação das operações do negócio comparadas com o orçamento para garantir que tudo corra de acordo com o planejado e que os resultados atendam aos objetivos estabelecidos.

O orçamento sustenta a organização do negócio e garante que os níveis de responsabilidade sejam claros e definidos, que a produtividade aumente e que os resultados satisfaçam às metas.

Em geral, um orçamento baseia-se em estimativas e previsões. É um sistema que exige contínuos ajustes diante de novas situações enfrentadas pela empresa, tais como alterações nas despesas, quando são identificados custos superiores ao esperado, e também quando se constata a necessidade de ampliar o número de funcionários.

Existem tipos diferentes de orçamento. O econômico serve para o planejamento do dia a dia e o controle de compra e venda. O de investimento é usado quando os vinhos e outras bebidas são adquiridos para serem guardados enquanto espera-se que aumentem de valor, a fim de que, posteriormente, se contabilize o lucro adicional que vão gerar. Essas duas formas estão ligadas ao orçamento financeiro geral, que definirá os objetivos financeiros e os meios para alcançá-los durante um período específico.

De particular importância, o orçamento de compra exige cuidadosa preparação. É empregado na aquisição de alimentos e bebidas e prevê as necessidades de produção e serviço, assim como a capacidade de armazenamento da adega e do bar.

O orçamento considera, individualmente, o nível estimado da demanda para as várias atividades que o estabelecimento eventualmente ofereça, como serviços de banquete, bar, restaurante etc. Adicionalmente, sua previsão leva em conta os principais eventos na área circundante, ou seja, congressos e convenções, entre outros.

As compras e o controle de receita estão definidos no orçamento, assim como a exigência do controle adequado do estoque. Pensar em tudo isso assegura a clareza do planejamento com o qual se trabalhará. O sommelier deve, portanto, em comum acordo com a administração, montar um plano financeiro que estabeleça a quantidade de capital a investir na aquisição dos vinhos. Isso garantirá a manutenção do nível correto do estoque para atender às exigências atuais e qualquer nova demanda identificada no mercado.

Define-se marketing como a função de escolher para que mercado vender, o que vender e como lucrar com a satisfação do cliente. É, assim, um instrumento de que a empresa lança mão para alcançar seus objetivos a médio e longo prazos.

O marketing apresenta diferentes aspectos que incluem a pesquisa de mercado para conhecer os níveis e tipos de demanda, assim como a monitoração e o desenvolvimento de produtos e serviços para satisfazê-las. É também a promoção de vendas por meio da comunicação, assegurando que o produto seja competitivo em termos de preço e qualidade, e que o adequado relacionamento de negócios com os clientes seja mantido.

Descobre-se qual é a demanda do mercado com a monitoração da clientela existente, por meio de visitas a outros estabelecimentos para avaliar como os concorrentes operam e, também, pela busca de novos mercados em potencial que possam ser atingidos com atividades de desenvolvimento de vendas bem planejadas.

Essa é uma tarefa contínua. Os desejos do cliente e sua satisfação devem ser acompanhados para garantir que esse atendimento sempre aconteça de acordo com a política do estabelecimento e de forma lucrativa.

É importante, pois, traçar um plano de marketing que identifique os objetivos da empresa e a estratégia de vendas para alcançá-los, o que incluirá as atividades de promoção de vendas a serem empreendidas.

Marketing e promoção de vendas são cada vez mais importantes para as operações relacionadas com bebidas, especialmente no caso de um restaurante ou bar que serve vinhos. Isso decorre da crescente concorrência e do aumento constante dos custos operacionais.

O sommelier, portanto, deve conhecer as técnicas promocionais mais eficazes e saber analisá-las em termos de custos e potencial de vendas, e, nesse contexto, selecionar a carta de vinhos mais adequada.

ABASTECIMENTO E ADMINISTRAÇÃO DA ADEGA

O abastecimento inclui a compra de itens frescos, que terão de ser consumidos no mesmo dia, juntamente com vinhos e outras bebidas que serão armazenados. Cerveja e sucos de fruta têm uma vida relativamente breve na prateleira e, em geral, logo são destinados ao consumo. No caso dos vinhos, a questão é mais complexa: alguns ficarão guardados apenas por meses; enquanto os que requerem envelhecimento terão de permanecer estocados por muito tempo.

Para todos os tipos de bebida, é preciso planejar a aquisição de acordo com a demanda estimada. A designação dos responsáveis por essa função varia de acordo com o porte do empreendimento.

Nas empresas pequenas, a gerência encarrega-se dessa atividade com a colaboração do sommelier; nas de maior porte, tal tarefa cabe ao gerente de alimentos e bebidas com a ajuda do sommelier.

Em algumas grandes cadeias de hotéis, existem cargos como os de gerente de vinhos, consultor de vinhos ou chef-sommelier, que são ocupados por profissionais incumbidos de garantir o abastecimento adequado.

São vários os fatores que devem ser levados em conta ao se determinar as necessidades da adega. Entre eles estão a pesquisa de mercado, para definir o tipo de clientela e a demanda; a análise de vendas realizadas e em potencial; e a garantia de políticas adequadas de compra e armazenamento.

Não menos importante é a informação sobre o cardápio e a culinária; esta pode ser criativa, regional, clássica, de banquetes, só de peixes, carnes ou vegetariana. A estação do ano também deve ser considerada, para que nos meses de verão, por exemplo, vinhos mais leves estejam disponíveis. Além disso, é necessário especificar as épocas de abertura do estabelecimento, visto que podem variar dependendo da temporada.

O último fator refere-se às diversas oportunidades de oferecer promoções, descontos e facilidades de pagamento.

A AQUISIÇÃO DOS VINHOS

A aquisição de vinhos e bebidas destiladas, entre outras, é uma tarefa delicada para o sommelier, em razão do alto custo envolvido, especialmente no caso de alguns vinhos e destilados valiosos, que podem exigir uma significativa imobilização de capital. A compra obedece a uma demanda de vendas conhecida e prevista, considerando os níveis do estoque existente. Pode ser realizada pelo sommelier diretamente com um produtor, uma loja de vinhos ou um agente comercial.

O processo de aquisição divide-se em três fases. Inicialmente, faz-se uma relação minuciosa dos fornecedores em potencial; em seguida, a estimativa de sua confiabilidade; e, por fim, selecionam-se os vinhos após a degustação. A lista detalhada de possíveis fornecedores é montada em ordem alfabética, ou de acordo com os tipos de bebida necessários, ou com os que estão sendo oferecidos. Para isso, há a opção de consultas a catálogos, revistas especializadas e outras fontes de informação, assim como a de participar de feiras e eventos especiais.

Depois da seleção inicial dos fornecedores, é preciso contatá-los para obter informações sobre preços e condições de venda, que têm de ser competitivos; isso não significa, entretanto, que se deva descuidar da qualidade do produto e do serviço.

É importante também que o fornecedor seja confiável quanto à pontualidade na entrega e manutenção dos preços. Como podem ocorrer mudanças com o transcorrer do tempo, é oportuno atualizar regularmente a agenda. Por último, depois da seleção dos melhores produtos, o sommelier verifica se as opções foram adequadas fazendo degustações "às cegas" de vinhos pré-selecionados do mesmo tipo. Às vezes, tais degustações surpreendem!

Quando as escolhas são realizadas com base em uma avaliação objetiva e imparcial, torna-se mais fácil para o sommelier descrever honestamente o vinho por suas reais qualidades e, assim, "convencer" o cliente a comprá-lo.

Se for um degustador profissional, o sommelier pode atuar sozinho; mas, para obter resultados mais confiáveis, ele pode pedir a opinião de algumas pessoas, como o chef de cozinha, o gerente de alimentos e bebidas, eventualmente um cliente habitual, um produtor de vinhos ou outros especialistas. Os melhores produtos serão selecionados levando-se em consideração as opiniões coletivas dessa mesa-redonda.

A ADMINISTRAÇÃO DA ADEGA

A boa administração da adega considera o movimento, as compras e os custos do estoque, garantindo os procedimentos adequados a cada uma dessas operações.

Os vinhos têm de ser armazenados em locais apropriados, mas igualmente importante é o gerenciamento do estoque remanescente com base em sua rotação e valorização.

A disposição dos vinhos na adega deve obedecer a critérios lógicos, como agrupá-los por região ou tipo, em compartimentos numerados e com a ficha correspondente, na qual se registram os movimentos de entrada, saída e eventuais quebras. Existem diferentes sistemas para avaliar o estoque e as saídas, entre eles o CMP, o FIFO e o LIFO.

O CMP, ou Preço Médio Ponderado, consiste em calcular o valor pago, considerando-se os diferentes preços de aquisição ao longo do tempo. Esse método proporciona uma visão eficaz da realidade.

Para calcular o custo, usa-se a seguinte fórmula:

$$C = \frac{P \times Q + P' \times Q' + P'' \times Q'' \ldots\ldots\ldots}{Q + Q' + Q''}$$

Sendo:
P = preço de cada compra
Q = quantidade de cada compra

O sistema FIFO, ou First In – First Out, pode ser resumido com a frase "o primeiro a entrar é o primeiro a sair", ou seja, as garrafas mais antigas de qualquer vinho ou destilado específico serão vendidas primeiro. O estoque é sempre avaliado de acordo com o preço mais recente. Desse modo, seu valor aproxima-se do valor da sua renovação, visto que o cálculo do custo adota como base o preço pago mais atual.

O sistema LIFO, ou Last In – First Out, significa "o último a entrar é o primeiro a sair", isto é, as garrafas mais novas de qualquer vinho ou destilado serão vendidas antes. Nesse sistema, a base do valor do estoque é o preço real pago na época da compra e, portanto, inferior. Mas o estoque fica "subvalorizado" e, ao contrário do que ocorre quando se usa o custo atual, corre-se o risco de uma desvalorização.

Cada sistema tem suas vantagens e desvantagens. Com a introdução dos computadores nas adegas, porém, o método CMP tornou-se o mais comum.

Ao distribuir o estoque da adega, é preciso ter o cuidado de identificar o local a que os produtos se destinam (restaurante, bar, *grill* etc.) para facilitar o trabalho do responsável por ela, uma vez que os preços serão diferentes em cada um desses postos de revenda. Mantendo-se corretamente os registros, é possível calcular com certeza os níveis de lucro esperados.

É também importante registrar as garrafas consumidas pelos funcionários e pela direção e aquelas com "gosto de rolha", porque tudo isso representa custo.

Um dos aspectos mais importantes do trabalho de um sommelier no gerenciamento da adega é conhecer o verdadeiro custo dos itens para definir o preço de venda.

Ao preço de custo das mercadorias somam-se as despesas gerais da empresa, eventuais impostos, além de outras específicas do gerenciamento da adega, que incluem o aluguel, o pessoal para guardar os vinhos e cuidar deles, o percentual de depreciação de estruturas fixas (como ar-condicionado e elevadores) e os custos do capital empatado. A soma de todos esses itens estabelece o custo real.

Para minimizar os custos da administração do estoque, é necessário especificar, para cada vinho, o nível funcional, o de reabastecimento e o de segurança. O primeiro é a quantidade estocada, que permitirá satisfazer à demanda prevista durante um prazo determinado (como definido pelo orçamento), reduzindo, portanto, o custo do armazenamento.

O segundo é o nível em que será preciso fazer um novo pedido. Isso dependerá do consumo diário e do tempo para a renovação do estoque (o prazo de entrega da mercadoria depois de recebido o pedido). Realiza-se o cálculo multiplicando o consumo diário pelo número de dias necessários para o reabastecimento e acrescentando uma margem de segurança, prevendo-se atraso na entrega.

O terceiro é o nível mínimo, abaixo do qual se trabalha com o risco de não ser possível atender aos pedidos do cliente.

É importante estabelecer, para cada vinho, a quantidade mais econômica a ser adquirida. Ou seja, a que se vai pedir sempre que for preciso renovar o estoque, mantendo-o no seu nível mínimo.

Em primeiro lugar, deve-se estimar o custo de conservação da garrafa e, em seguida, o de todas as operações de reabastecimento. Um inventário com o registro global dos níveis dos produtos e do seu tempo de permanência na adega é elaborado no encerramento do ano fiscal ou de uma estação,

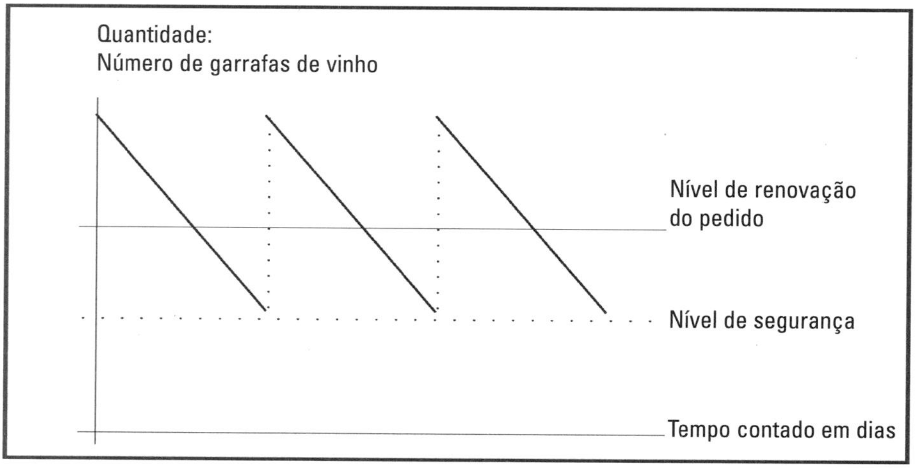

no caso de empresas com trabalho sazonal ou quando a pessoa responsável pela adega é substituída. Pode também ser realizado em intervalos mais regulares, a cada semana ou mês, por exemplo.

O livro da adega, em que ficarão documentados todos os itens e movimentações do estoque, pode ser um registro simples com colunas para entrada e saída de mercadorias, segundo a quantidade e/ou valor.

O "arquivo dos vinhos", ou ficha, guarda o registro de entradas e saídas, mostrando sempre a situação atual do nível do estoque. Há, igualmente, a alternativa de se elaborar essa ficha de acordo com a quantidade e/ou valor.

Para que possa indicar o momento em que novos pedidos devem ser feitos, um registro tem de apresentar o nível normal do estoque, o nível mínimo e a relação dos fornecedores.

A classificação dos registros é feita em ordem alfabética, por numeração progressiva ou códigos numéricos, considerando-se o país ou a região de origem. Há várias maneiras de organizá-los. Muitos dos procedimentos descritos aqui podem ser simplificados ou aprimorados com o uso do computador, hoje, comum nos restaurantes. Assim, é possível relacionar pedidos de compra e entrega de vinhos e outras bebidas juntamente com informações como: nome, produtor, ano da safra, preço de aquisição, desconto dado pelo fornecedor e condições de pagamento. Isso também permite que se documentem as saídas e o valor do estoque a qualquer momento.

O computador informa rapidamente qual é a situação do estoque da adega – inclusive quais vinhos estão disponíveis ou prestes a se esgotar –, registrando, ao mesmo tempo, os pedidos dos clientes e elaborando estatísticas e previsões sobres suas preferências.

O controle e o gerenciamento das garrafas de vinho e bebidas destiladas, o inventário do estoque atual e, especialmente, o de final do ano, podem ser feitos com um programa personalizado, que atenda às necessidades da empresa. Tais programas garantem a atualização, em tempo real, de toda a movimentação; assim como, eventualmente, a análise dos custos de cada garrafa vendida e a incidência individual dos diversos vinhos na determinação do custo geral.

Pode-se debitar automaticamente na conta do cliente o preço das bebidas consumidas e emitir a nota, com as devidas correções ou modificações.

A ADEGA

O sommelier é o responsável pela administração da adega e, portanto, pela garantia de que as garrafas de vinho estão sendo armazenadas nas melhores condições possíveis.

Nos restaurantes há, em geral, dois tipos de adega: a de estoque e a de consumo diário. A adega de estoque em condições ideais deve estar limpa e projetada para assegurar uma umidade relativa (u.r.) entre 60% e 70%, com temperatura variando entre 10 °C e 15 °C, a mais constante possível. É necessário que seja bem ventilada, sem estar exposta, porém, a correntes de ar muito fortes. A iluminação tem de ser feita com lâmpadas de bulbo espelhado ou de vapor de sódio. Lâmpadas de néon ou com mais de 75 watts não devem ser usadas por causa dos raios UV, que podem atravessar o vidro da garrafa e prejudicar o vinho, provocando o fenômeno conhecido como "gosto de luz".

A adega deve ser usada estritamente para guardar bebidas. Não se permite que ali sejam armazenados frios, queijos, vegetais, alho ou outros alimentos cujo cheiro forte possa penetrar através dos poros da rolha. Condena-se, igualmente, a instalação, nesse local, de queimadores ou aquecedores e tubulações de água quente, a não ser que estejam revestidos de fibra de vidro ou outro material isolante. É recomendável também que as garrafas não sejam afetadas por vibrações externas.

As garrafas ficam dispostas em prateleiras ao longo das paredes ou em fileiras voltadas para o centro; as estantes devem estar divididas em compartimentos ou caixas, de preferência de madeira, pois esta mantém a temperatura e reduz o efeito de possíveis vibrações. A colocação das garrafas na posição horizontal faz com que a rolha permaneça em contato com o vinho e, portanto, úmida e elástica. Sua disposição tem de obedecer a algumas regras simples, mas indispensáveis.

A ADEGA IDEAL

A disposição das garrafas na adega é feita de acordo com a temperatura ambiente, a idade dos vinhos, o tempo potencial de envelhecimento e sua rotação, lembrando que, em geral, a temperatura é ligeiramente mais baixa perto do chão. Sobre as prateleiras, deve estar visível uma ficha com a numeração do compartimento (ou o número de código do vinho), o nome do vinho, o ano da safra e o produtor. Os vinhos podem ser agrupados por região e cor para facilitar sua busca.

A adega de consumo diário é um anexo da adega de estoque, onde se guardam as garrafas que provavelmente serão usadas naquele dia ou no decorrer da semana. Situa-se ao lado ou perto da sala de jantar ou do restaurante, sempre longe de correntes de ar, luzes fortes e variações de temperatura (12°C a 18°C para os vinhos tintos, e 6°C a 10°C para os brancos). Estão se tornando cada vez mais comuns as adegas climatizadas para restaurantes, que mantêm constante a temperatura desejada.

A CARTA DE VINHOS

A carta de vinhos é o cartão de visitas da adega que o restaurante apresenta ao cliente. Ela deve estar, portanto, bem ordenada, limpa e em perfeitas condições – não pode conter manchas, partes rasgadas ou canceladas nem erros de ortografia. Para isso, em caso de dúvida, basta confrontar os nomes dos vinhos com as informações nos rótulos.

Há várias maneiras de redigir a carta de vinhos, dependendo das preferências do sommelier e do estilo da empresa; contudo, esta deve ser sempre de fácil leitura e agradável de consultar. A modalidade manuscrita é elegante, especialmente se de pergaminho, mas é importante que a letra seja bastante regular e legível.

Um modo simples de apresentar essa peça é digitá-la e depois fazer cópias – isso nos casos em que não se exigem cuidados especiais. A apresentação mais legível, entretanto, é a impressa. Uma maneira de aprimorá-la é limitar o número de vinhos relacionados em cada página e espaçá-los bem.

Existem tipos diferentes de cartas de vinho. O "álbum" compõe-se de muitas páginas, e cada uma delas pode abranger uma região específica ou um tipo de vinho. Nessa modalidade, é possível incluir informações sobre o cultivo da uva e produtores de vinhos ou conselhos do sommelier. Outra vantagem é a possibilidade de substituir as páginas a qualquer momento sem ter de imprimir tudo de novo. A carta feita de uma folha dupla grande é mais imponente e mostra, de uma só vez, todas as sugestões. Nesse caso, o cliente com menos experiência talvez fique confuso.

A carta de vinhos evidencia a personalidade do sommelier, e este não deve esquecer que ela serve para ajudar o cliente, não para intimidá-lo. Por isso, descrições prolixas também não são convenientes – bastam informações essenciais como o nome do vinho, o produtor, o ano da safra e o preço da garrafa. Em alguns casos, podem-se acrescentar outros dados, mas a simplicidade e a clareza são sempre recomendadas.

Uma carta com poucas opções torna a escolha mais fácil para o cliente; contudo, as desse tipo não são apropriadas para restaurantes de alta classe.

A carta de vinhos de caráter local é muito limitada e fácil de consultar, mas só é adequada a pequenos restaurantes situados em áreas de produção vinícola.

Os vinhos podem ser relacionados por tipo (branco, tinto, espumante etc.), região, ano da safra e preço, entre outros critérios.

Na carta de vinhos internacionais, listam-se as bebidas por tipo, ordem alfabética, ano da safra ou preço. Evita-se a subdivisão por país de origem, visto que é possível inserir essa informação ao lado do nome do produto.

Uma alternativa para a disposição de uma carta é incluir uma página específica para as Reservas – os vinhos preciosos – ou uma seção que ofereça garrafas cuja relação qualidade/preço seja particularmente atraente.

Em todos os casos, é importante seguir as regras gerais mencionadas. A carta de vinhos precisa estar sempre atualizada, e, para isso, é bastante recomendável avaliar o estoque com a maior frequência possível. Da mesma forma, deve-se sempre agir rapidamente quando há mudanças nos preços ou possibilidade de escassez. Em tais circunstâncias, para não refazer toda a peça, inserem-se um asterisco ao lado dos nomes dos vinhos em falta e uma nota no fim da página com a informação "não disponível no momento". É evidente que essa solução só poderá ser aplicada a um número limitado de produtos.

A carta de vinhos é também um meio de publicidade para a empresa, e a arte gráfica e um bom *design* são muito importantes. As mais imponentes podem ter capa de couro; as menos pretensiosas, de papelão ou outros materiais menos nobres. O papel deve ser de boa qualidade, com arte gráfica elegante, porém simples, jamais excessiva ou pesada. Por último, vêm o nome do sommelier que elaborou a carta e a identificação completa do hotel ou restaurante, com endereço e número de telefone.

A relação qualidade/preço é fundamental quando se elabora uma carta de vinhos. Para traçar uma política adequada de preços, é necessário analisar as vendas do ano anterior, considerando o número de garrafas consumidas, seu tipo e os preços de custo. Com base nessa análise, o sommelier propõe uma carta de vinhos de alta qualidade, sem esquecer as exigências comerciais da empresa que irão determinar a inclusão de produtos de custo baixo, médio e alto, além dos preciosos.

Os vinhos de baixo custo, por serem consequentemente mais baratos, apresentam a seguinte vantagem: são vendidos com mais facilidade e em considerável quantidade. São essas as garrafas que proporcionam uma grande margem de lucro.

Quanto aos vinhos de preço médio, que representam uma grande variedade de produtos, não é fácil estabelecer o equilíbrio entre qualidade e preço. Para isso, o sommelier precisa ter um amplo conhecimento das peculiaridades dos vinhos que deseja comprar e empregar boas técnicas de avaliação.

Os vinhos de custo elevado apresentam características de alta qualidade, mas não são fáceis de encontrar, o que pode significar dificuldades em termos de abastecimento. Por isso, é melhor encomendá-los diretamente ao produtor ou a representantes de vendas da região. A presença desses vinhos dá brilho à carta e ao restaurante.

De excelente qualidade e caríssimos, os vinhos preciosos exigem do sommelier um serviço particularmente cuidadoso. Pode ocorrer que só tenham sido produzidos em um ano excepcional e em quantidades muito limitadas. Tais produtos tendem a estar disponíveis apenas nos restaurantes mais sofisticados.

Tipo de vinho	Preço de venda	
Baixo custo (preço baixo)	custo x 3,5	Cada país deve considerar também suas leis relativas a impostos.
Médio custo	custo x 3	
Alto custo	custo x 3	
Preciosos	custo x 1,5	

Exemplos de coeficientes multiplicadores sujeitos a variações, dependendo da empresa ou do país.

O cardápio

O cardápio é a relação dos pratos oferecidos por um restaurante – a indicação do estilo de sua cozinha. Permite ao chef organizar as compras do material básico, e ao sommelier, montar a adega.

Ao chef, em cooperação com o sommelier, cabe a tarefa de redigir o cardápio. Juntos, devem levar em consideração fatores como a localização e o clima, as estações do ano e o mercado. Desse trabalho, resultará a lista que os clientes utilizarão para fazer suas escolhas.

O cardápio reflete as tendências gastronômicas de uma época. Auguste Escoffier (1846-1935) – um dos mais renomados chefs da Belle Époque e autor do Le livre des menus, de 1912, sobre a arte de compor um cardápio – afirmava que esse era um dos aspectos mais difíceis do ofício de dono de restaurante, dada a necessidade de encontrar o equilíbrio entre as sugestões e os produtos disponíveis.

Os pontos fortes do estabelecimento são as especialidades do cardápio; sua renovação, sem, contudo, deixar de atender às exigências da clientela habitual; e também as sugestões de refeições fartas ou ligeiras, tradicionais ou inovadoras.

A dificuldade de se equacionar todas essas questões ainda existe, e multiplica-se. Se, por um lado, o desenvolvimento do sistema de transportes tornou a oferta dos mercados muito mais rica e flexível, eliminando grande parte dos problemas relativos à sazonalidade dos produtos; por outro lado, a maior disponibilidade de informações e comunicação tem causado mudanças bem mais rápidas nas tendências e nos gostos. Assim, tem sido realmente difícil manter o equilíbrio.

De fato, as tentativas de se chegar a um acordo quanto a convenções e regras para a elaboração de um cardápio são com frequência atropeladas pelos acontecimentos: os únicos pontos inalteráveis serão sempre, portanto, a capacidade técnica, a criatividade e o talento do chef.

O "cardápio por escrito", como o conjunto de todas as opções de pratos e bebidas que compõem uma refeição, existe há muito tempo. Na França do século XIX, por exemplo, o cardápio redigido em uma folha de papel já era distribuído aos clientes dos restaurantes para que estes pudessem escolher segundo suas preferências; e, no caso de banquetes, aos convidados para anunciar o que seria servido.

Em geral, a produção dos cardápios fazia-se com refinada arte gráfica e em harmonia com o tema e o período. Hoje, eles não exibem mais as características artísticas que apresentavam entre 1850 e o início do século XX, quando pintores como Toulouse-Lautrec eram encarregados de desenhar esses preciosos exemplares.

Como a carta de vinhos, o cardápio deve ser bem ordenado, legível, elegante e fácil de interpretar. Os nomes que nele constam não podem ser fantasiosos e indecifráveis, e, sim, expressar claramente o seu significado.

Em banquetes ou eventos especiais, o cardápio apresentado aos convidados não é do tipo *à la carte*, mas indica os pratos, e também, os vinhos que foram cuidadosamente escolhidos com a ajuda do sommelier, que, nesse caso, é de extrema importância.

O VINHO

O cultivo da uva e a produção de vinho têm origem em tempos remotos. Acredita-se que o primeiro vinho, cujas características diferem significativamente das que essa bebida apresenta hoje, tenha sido produzido na Mesopotâmia há cerca de cinco mil anos. Muitos afrescos encontrados em tumbas do antigo Egito confirmam que até mesmo o povo dessa região dedicou-se à viticultura.

Gregos e fenícios foram incentivadores da cultura, da produção e do consumo de vinho em todo o território mediterrâneo. A eles seguiram-se os romanos, que estenderam o cultivo da uva, e com ele a vinicultura, à Borgonha e às margens do rio Mosela, na Alemanha. Na Idade Média, depois da queda do Império Romano, a vitivinicultura passou aos cuidados da Igreja, que a difundiu por toda a Europa até a Inglaterra.

Com o transcorrer dos séculos, a aristocracia europeia aliou-se à Igreja; juntas, apossaram-se de todos os territórios de cultivo da uva, e algumas regiões ficaram famosas pela qualidade de seus vinhos. Na segunda metade do século XIX, Louis Pasteur estudou o comportamento das leveduras nas fermentações e as possíveis causas de doenças que acometem os vinhedos, criando assim as bases científicas da enologia moderna.

Em 1880, infelizmente, quase todo o patrimônio vinícola da Europa foi destruído por um parasita originário da América do Norte, o *Phylloxera vastatrix*. Os vinicultores o combateram, como continuam a combater muitas outras doenças provocadas por fungos e insetos capazes de arruinar as plantações.

Hoje, por volta de cinquenta países praticam a viticultura em cerca de 8,2 milhões de hectares, especialmente na Europa, responsável por aproximadamente 80% da produção mundial. As melhores condições climáticas para a produção de vinhos encontram-se entre os paralelos 30° e 50°, no hemisfério norte, e 30° e 40°, no hemisfério sul.

A VENDA DO VINHO NO RESTAURANTE

O sommelier está sempre em contato com o cliente, para quem vende um produto e um serviço. Na sua profissão, portanto, é essencial compreender a psicologia da pessoa ou grupo que frequenta o restaurante onde ele trabalha.

A intuição desse profissional é muito importante, e ele pode desenvolvê-la com o tempo, prestando particular atenção em cada serviço, interessando-se pelas técnicas de comunicação e participando de seminários e cursos de atualização, além de ler livros e artigos sobre o assunto. Mas é importante que forme um conjunto individual de experiências que o ajudarão a identificar os diferentes tipos de clientes, como os nervosos, os fleumáticos, os apáticos, os sentimentais, entre outros.

Além de se basear nesses aspectos indiscutíveis, a venda do vinho pelo sommelier deve se fundamentar na capacidade que esse profissional apresenta para gerenciar a adega com ordem e competência. Ele, portanto, precisa estar apto a criar uma verdadeira "política do vinho", assumindo o controle direto dos suprimentos, do serviço e dos consumidores, com o objetivo de otimizar os resultados.

Outro momento importante é o do serviço. O sommelier tem de sugerir a melhor combinação possível, intuindo quanto o cliente pretende gastar. Mesmo que o restaurante disponha de uma carta de vinhos, ele deve prestar orientação, principalmente se a carta é imponente e oferece um grande número de sugestões.

A promoção de determinados vinhos pode ser feita em noites temáticas, com folhetos ilustrativos informando os clientes sobre os novos produtos, ou por meio de convites para apresentação das sugestões de uma casa vinícola.

CLASSIFICAÇÃO DA CLIENTELA		
TIPOS	**CARACTERÍSTICAS**	**TRATAR COM...**
nervosos	cansados excitáveis intolerantes impacientes	paciência boas maneiras calma cortesia
indecisos	preocupados e ansiosos por argumentar temerosos inseguros	cortesia, expondo seus próprios pontos de vista paciência
do contra	céticos inquisidores argumentadores insolentes	simplicidade competência breve cortesia autocontrole
silenciosos	com pouco conhecimento pensativos irônicos tristes	perguntas relevantes, paciência e cortesia, encorajando-os a falar
submissos	reservados, sensíveis indecisos muito idosos muito jovens ou estrangeiros	gentileza decisão simpatia cortesia, tentando ajudá-los
difíceis	críticos indiferentes taciturnos	segurança e competência tato perseverança
normais	cordiais amigáveis	cortesia eficiência consideração

Para alcançar os objetivos, é indispensável analisar continuamente as vendas, que correspondem aos vinhos escolhidos pela clientela e revelam a preferência por um determinado tipo.

A DEGUSTAÇÃO

Estar qualificado para degustar profissionalmente é uma das habilidades mais importantes de um sommelier. Ser capaz de compreender, interpretar, reconhecer e avaliar as propriedades organolépticas de um vinho é um requisito imprescindível para que ele possa dimensionar adequadamente a relação qualidade/preço de um produto e também estabelecer a combinação correta do vinho com diferentes pratos.

Saber degustar não significa automaticamente saber reconhecer o tipo de vinho, o ano da safra e a região de origem. Essa é a última etapa de um longo processo de aprendizagem, à qual só se chega após muitos anos de experiência e degustações somados a um inegável talento pessoal.

Para saber julgar as características de um vinho, é necessário, antes de tudo, educar os sentidos para a "arte da degustação", aprendendo a perceber e avaliar as sensações visuais, olfativas e gustativas da bebida, abstraindo-se de influências externas. Essa é a única maneira de adquirir autonomia e segurança no julgamento, junto com uma vasta bagagem de conhecimentos e noções indispensáveis ao aprimoramento contínuo da profissão.

Como degustador, o sommelier precisa desenvolver uma acentuada consciência e compreensão de suas capacidades sensoriais; por isso, muito empenho e prática constante são fundamentais.

Os vinhos podem ser analisados sob seus aspectos químicos e sensoriais (aqueles que são percebidos pelos sentidos). A análise química é o processo que permite distinguir e reconhecer todos os seus componentes, quantitativa e qualitativamente, para verificar se o produto cumpre as exigências legais. Essa prática é realizada em laboratórios com reagentes e instrumentos específicos.

A análise química e também a microbiológica são úteis, sem dúvida, mas não bastam para determinar a qualidade de um vinho. Isso só é possível mediante acurada e atenta degustação.

A avaliação sensorial se dá especialmente através da visão, do olfato e do paladar, e, em parte, do tato. Assim, é importante que esse processo seja realizado por um "degustador profissional", preparado e treinado para usar seus sentidos como ferramentas de trabalho.

Além de uma natural predisposição e de uma vasta preparação técnica, o degustador necessita se exercitar continuamente para aperfeiçoar suas habilidades e aprender a terminologia empregada por todos os que atuam no setor.

A degustação do vinho não deve se limitar a uma simples prova, ela tem de ser vista como um trabalho. Para que se alcancem bons resultados, é necessário realizá-la nas melhores condições possíveis, em uma "sala de degustação" própria para esse fim. É importante que o ambiente seja espaçoso, arejado e claro, longe de fontes de odores, como a cozinha. As paredes devem ser claras, de preferência brancas, de modo que não interfiram no exame visual do vinho. Para uma melhor avaliação sensorial, usam-se mesas especiais devidamente aparelhadas.

Contudo, nem sempre é possível trabalhar nas condições ideais. O importante é que o degustador adote as normas a seguir para que sua avaliação seja a mais objetiva possível. Antes de iniciar a prova, ele deve:

– evitar alimentos de sabor muito ativo (menta, condimentos, ervas aromáticas etc.); e

– abster-se do fumo e do uso de perfumes fortes.

O fumo embota os sentidos; os perfumes e os condimentos interferem no olfato e no paladar durante a degustação.

Existem outras regras a serem observadas na própria degustação:

– não provar mais de dez ou 12 amostras, pois os sentidos "se cansam", e há o risco de se perder a capacidade de um julgamento sério e objetivo;

– seguir uma sequência lógica, começando com vinhos brancos jovens e terminando com vinhos tintos envelhecidos e vinhos de sobremesa;

– estar atento às temperaturas em que os vinhos devem ser servidos; e

– levar em consideração a hora do dia em que é feita a degustação – o melhor momento é de manhã, entre 10h e 12h, quando as condições psicológicas do degustador estão no ponto ideal.

A COMBINAÇÃO DE COMIDA E VINHO

Saber sugerir ao cliente o vinho que melhor combina com os pratos escolhidos é uma das habilidades mais importantes de um bom sommelier.

É impossível conceber essa profissão sem sólidos conhecimentos gastronômicos. São as características organolépticas de cada ingrediente, em perfeita harmonia em um prato, que orientam a escolha de um vinho específico.

A evolução da culinária impeliu o sommelier a ampliar cada vez mais sua cultura sobre o assunto para estar em condições de interpretar pratos que são verdadeiras "obras de arte".

Nesse sentido, é preciso compreender que boas combinações de comida e vinho são frutos do perfeito entendimento entre chef de cozinha e sommelier, mesmo que, infelizmente, esses momentos de grande colaboração profissional ainda não aconteçam com a frequência desejada.

Para uma boa combinação, é importante codificar os princípios e definir uma terminologia comum, como já proposta para a degustação dos vinhos. Só assim será possível atingir as metas, sem exageros de criatividade pessoal e, às vezes, de excentricidade.

A técnica de combinação usada pela Associazione Italiana Sommeliers baseia-se em uma metodologia técnico-científica que pressupõe cultura específica, alto grau de habilidade técnica e certa veia artística. É científica pelas noções exatas e pertinentes; técnica porque fornece normas que regulam a prática da atividade profissional; e artística por revelar a criatividade do operador.

Hoje, em todo o mundo, aceita-se que qualquer comida, salvo raras exceções, pode combinar perfeitamente com um vinho que tenha sido cuidadosamente escolhido de acordo com suas características olfativas e gustativas.

É verdade que existem algumas tradições difíceis de esquecer e que, às vezes, condicionam a decisão. Mas também é inegável que a experiência profissional e as numerosas provas práticas de análises de sabor e aroma determinaram algumas regras que se têm mostrado válidas.

A avaliação sensorial da comida não pode ser feita sem a análise do vinho; como no caso deste último, consideram-se as sensações primárias de paladar e também as táteis. No alimento, percebemos, além das impressões dos sabores salgado, doce, ácido ou amargo – mais ou menos intensos –, outras como gordurosidade, untuosidade, suculência e estrutura geral.

Se a comida é untuosa, por exemplo, o vinho terá de ser rico em tanino e/ou álcool por suas características adstringentes e desidratantes; se tende a ser ácida e/ou temperada, o vinho deverá ser mais delicado.

À primeira avaliação, qualitativa, que leva ao reconhecimento das sensações de sabor e olfato da comida e do vinho, segue-se a sua quantificação, evitando que as características do alimento prevaleçam sobre as da bebida e vice-versa.

Nos pratos mais elaborados, há um número maior de estímulos gustativos em jogo. Isso dificulta a tarefa de harmonizar as sensações da comida e do vinho, mas também pode torná-la mais interessante.

A seriedade e o empenho no estudo de todas as nuanças de sabor e olfato da comida e do vinho, além de ajudarem o sommelier a desenvolver um alto nível de habilidade e conhecimento, permitem novas combinações válidas e fascinantes para a máxima valorização dos produtos e satisfação do cliente.

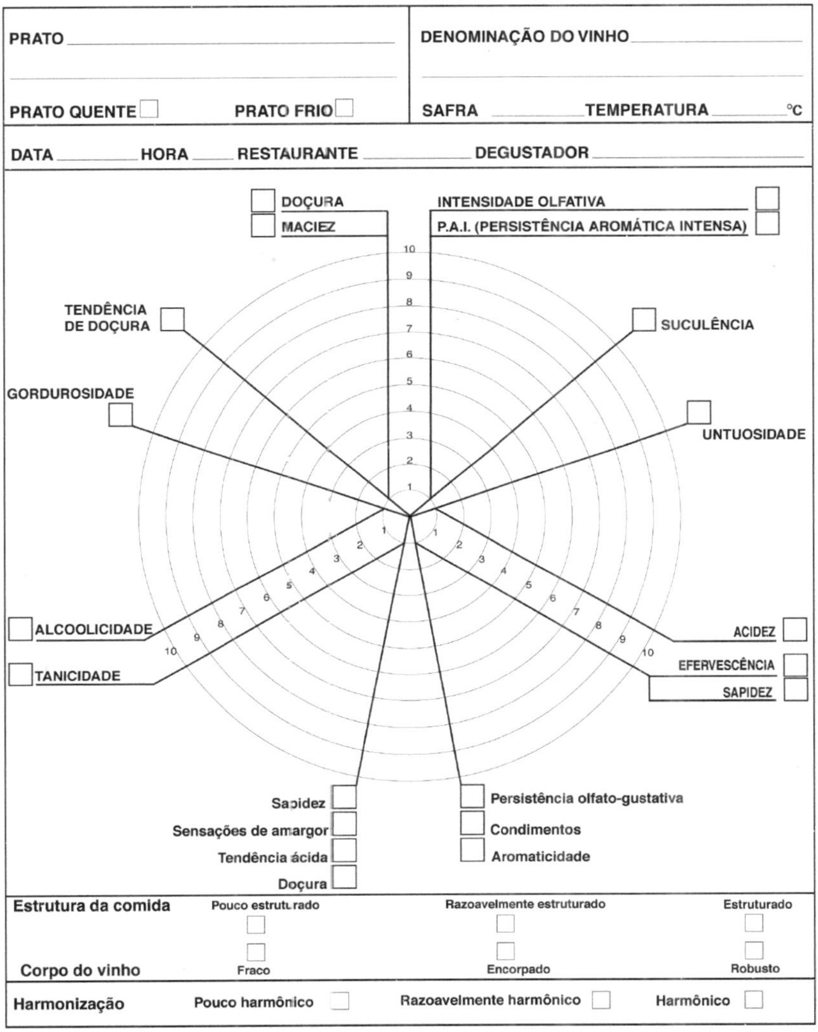

Gráfico de combinações de comida e vinho adotado pela Associazione Italiana Sommeliers.

Os utensílios do sommelier

O trabalho do sommelier no restaurante requer o uso de utensílios especiais que, às vezes, acentuam a ênfase de algumas fases do serviço.

Entre elas estão o *tastevin* (hoje quase sempre substituído pela taça de degustação), o saca-rolhas, a cesta de vinho, a jarra de decantação, a pinça, a tampa *stopper*, o termômetro de leitura rápida, o balde de gelo, o carrinho dos vinhos e taças diversas, dependendo dos tipos de vinho servidos.

O *tastevin*

O *tastevin* é uma tacinha, em geral de prata ou metal prateado, não muito funda e com uma pequena alça. Em seu interior, há, de um lado, oito grandes círculos côncavos, para o exame visual dos vinhos tintos. Do outro, ficam as chamadas nervuras, também côncavas mas de forma alongada, para o exame visual dos vinhos brancos, mais transparentes do que os tintos. No centro, localiza-se uma grande bolha de nível convexa; ao seu redor, posicionam-se 14 pérolas em relevo que servem para arejar rapidamente o vinho e permitir que os aromas se desprendam.

Alguns sommeliers usam o *tastevin* pendurado no pescoço em uma corrente prateada, de onde o destacam na hora de utilizá-lo. Esse utensílio caiu em desuso, e hoje é, especialmente, um símbolo dessa nobre profissão. Diversas associações de sommeliers costumam adotá-lo como distintivo da atividade.

A taça de degustação

A taça de degustação apresenta um formato especial, com medidas determinadas pela Associação Francesa de Normalização, a A.F.NOR. (Lei N.N.V. 09/110 – Normes Françaises des Verres).

O material empregado na sua fabricação é o vidro ou o meio-cristal. A boca dessa taça é um pouco mais estreita do que o fundo, o que permite concentrar em direção ao nariz os aromas desprendidos.

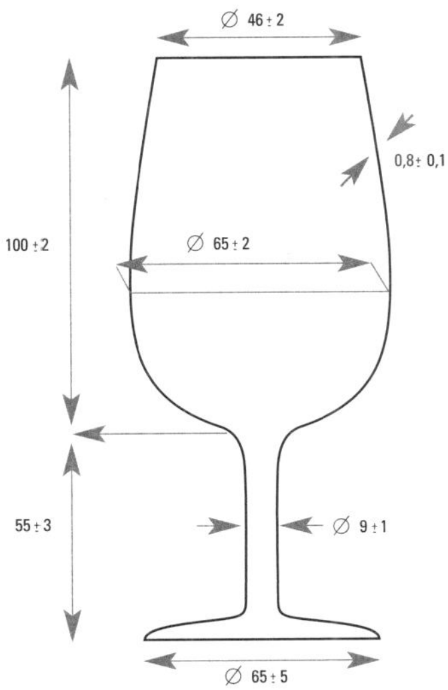

A taça de degustação, instrumento para uma análise sensorial perfeita.

O SACA-ROLHAS

Existem muitos tipos de saca-rolhas, mas o modelo profissional é aquele aprovado pela A.F.NOR., em geral chamado de saca-rolhas com alavanca. Compõe-se de uma espiral metálica adaptada a uma haste na qual se insere um canivete, usado para cortar a cápsula que envolve o gargalo da garrafa.

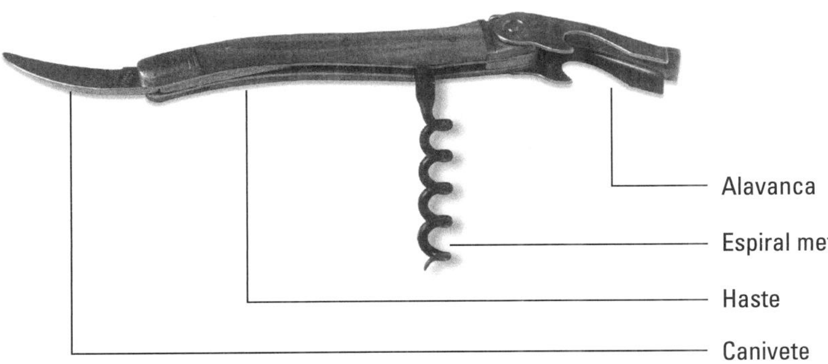

Fotos: Gianfranco Patrignani

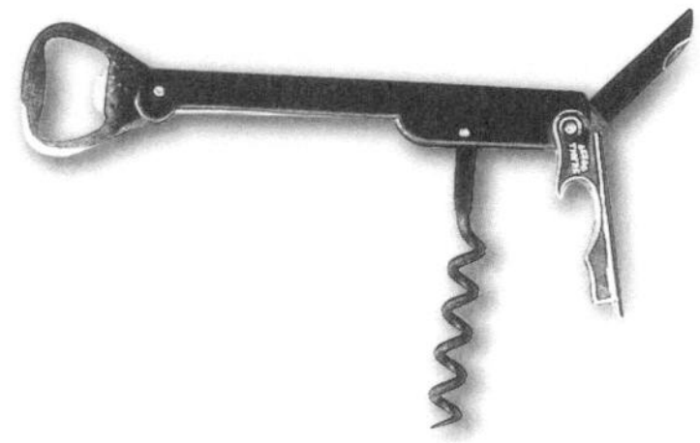

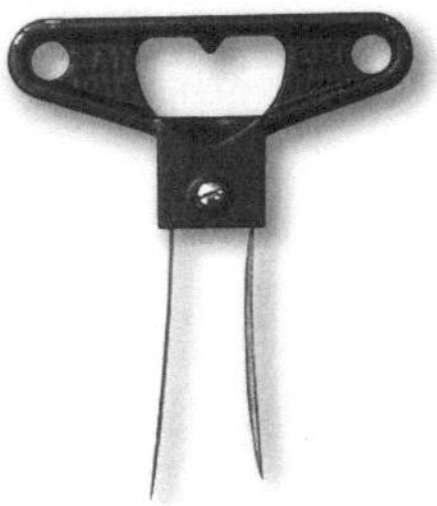

Existem muitos tipos de saca-rolhas no mercado, mas só o de alavanca é considerado profissional.

A CESTA DE VINHO

A cesta de vinho (ou porta-garrafas) serve para transportar uma garrafa de vinho envelhecido da adega até a sala de jantar. Permite manter a garrafa quase na posição horizontal, com o gargalo ligeiramente erguido, para que eventuais sedimentos não se misturem à bebida. Pode ser de vime, madeira ou metal; neste último caso, principalmente de prata.

A JARRA DE DECANTAÇÃO (OU *DECANTER*)

A jarra de decantação é usada, sobretudo, para vinhos tintos envelhecidos porque permite a oxigenação por igual da bebida antes do consumo, e isso proporciona um melhor desprendimento dos aromas. Também é útil quando se objetiva separar os sedimentos presentes na garrafa antes de se servir a taça ao cliente.

A decantação pode, igualmente, ser feita com vinhos mais jovens quando se deseja que respirem para eliminar odores imperfeitos. Nesse caso, fala-se, mais precisamente, de arejamento do vinho.

A PINÇA

A pinça é utilizada para abrir garrafas de vinhos espumantes quando a rolha é muito resistente e não sai com facilidade do gargalo. Com esse utensílio, desloca-se a rolha, que então se solta totalmente.

Há também uma pinça em forma de tesoura usada para cortar a pequena rede metálica das garrafas de espumantes ou o fio que, em algumas delas, mantém a rolha firme no lugar.

A TAMPA *STOPPER*

É um tipo de tampa que permite manter a efervescência de alguns vinhos depois de abertos; assim, só é utilizado no caso em que a bebida é guardada para ser servida posteriormente.

Existem outros modelos de tampa com um sistema de expulsão a vácuo para os vinhos não espumantes servidos por taça.

O TERMÔMETRO DE LEITURA RÁPIDA

Esse utensílio serve para controlar a temperatura do vinho um pouco antes de servi-lo; atualmente, contudo, não é muito usado.

O BALDE DE GELO

O balde é usado para conservar os vinhos brancos, os espumantes e os rosados na temperatura certa durante todo o serviço.

O CARRINHO DOS VINHOS

O carrinho serve para apresentar os vinhos escolhidos com base no cardápio do dia e permite ao cliente experimentar diferentes tipos "por taça", sem ter de comprar uma garrafa inteira. É, portanto, vantajoso tanto para o cliente como para o restaurante. Em geral, acomoda seis a oito tipos de vinho, entre os quais não podem faltar: um branco frisante e outro não frisante de aperitivo; um branco importante; um tinto genérico; um tinto importante e envelhecido; um tinto licoroso, próprio para acompanhar queijos; e dois vinhos de sobremesa. Assim, é possível sugerir uma escolha adequada e, ao mesmo tempo, evitar perdas excessivas de garrafas abertas e só parcialmente consumidas.

Em geral, de madeira ou aço, o carrinho dispõe de uma gaveta onde se colocam os utensílios do sommelier. Apresenta também espaço para os baldes com água e gelo, que possibilitam manter os vinhos brancos e os espumantes em temperatura constante.

A TAÇA

Taça e vinho hoje são inseparáveis, mas, no início da civilização, usavam-se as mãos para beber; posteriormente, o chifre de uma vaca e até conchas.

O vidro foi inventado por volta de 4000 a.C., porém os primeiros copos de vidro soprado datam de 1000 a.C. Desde então, eles têm assumido diferentes formas, tamanhos e cores, mas só os de vidro e cristal perfeito, incolores, transparentes, finos e leves, sem lapidações, serigrafias e espessamentos são apropriados para a perfeita apreciação de todas as características sensoriais do vinho.

A degustação de um vinho é um prazer que envolve todos os sentidos e que se realça quando se utilizam taças adequadas.

As características da taça de degustação já foram mencionadas, mas, à mesa, é melhor usar modelos diferentes para cada tipo de vinho. O sommelier escolherá sempre a mais adequada, para que o cliente possa apreciar plenamente a cor, as nuanças, o aroma e o paladar do vinho sugerido. Assim, até seu trabalho ganhará mais valor.

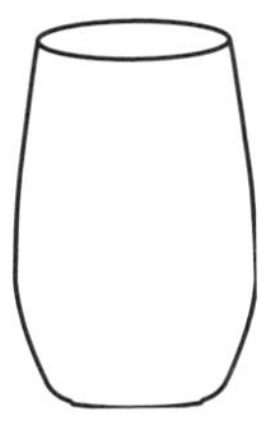

Copo para água.

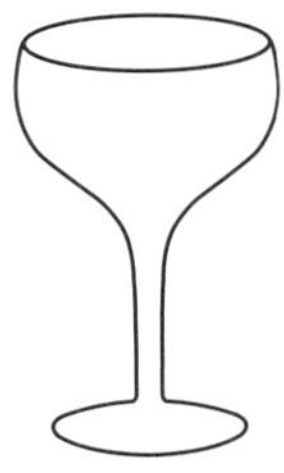

Taça clássica para espumantes brancos doces e aromáticos.

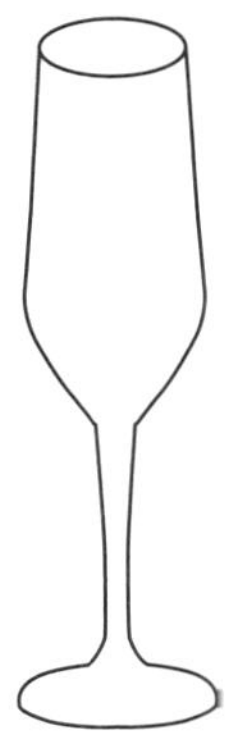

Flûte para os espumantes brancos e secos.

Taça para todos os vinhos brancos muito suaves ou doces.

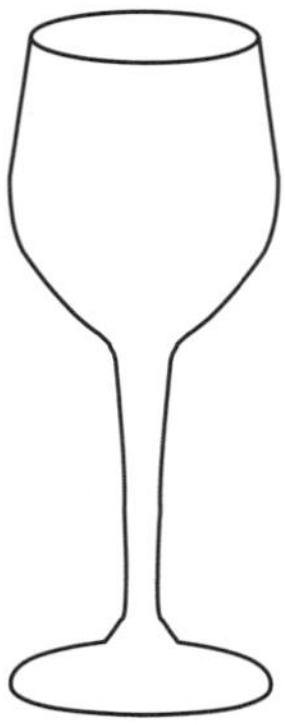

Taça para vinhos rosados.

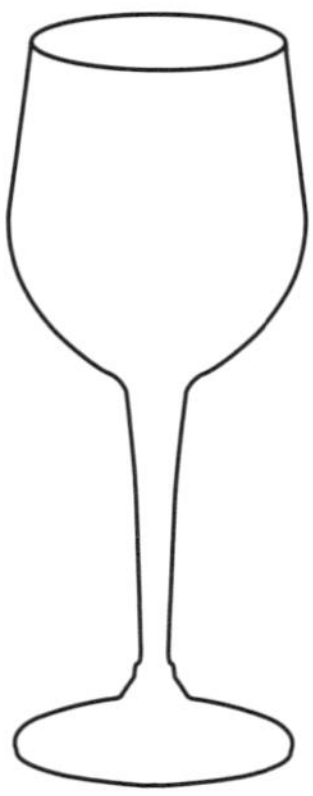

Taça para vinhos tintos jovens.

Taça para grandes vinhos tintos envelhecidos.

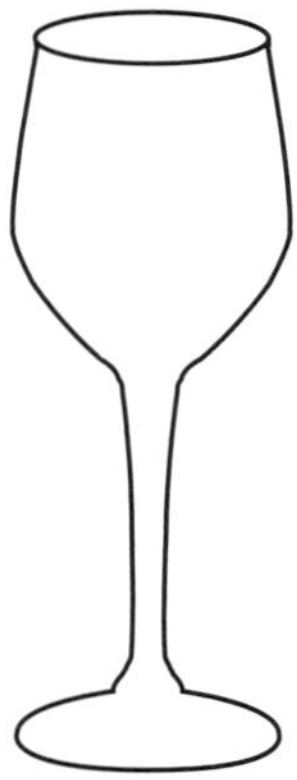

Taça para vinhos licorosos.

Taças para licores e destilados.

A limpeza das taças

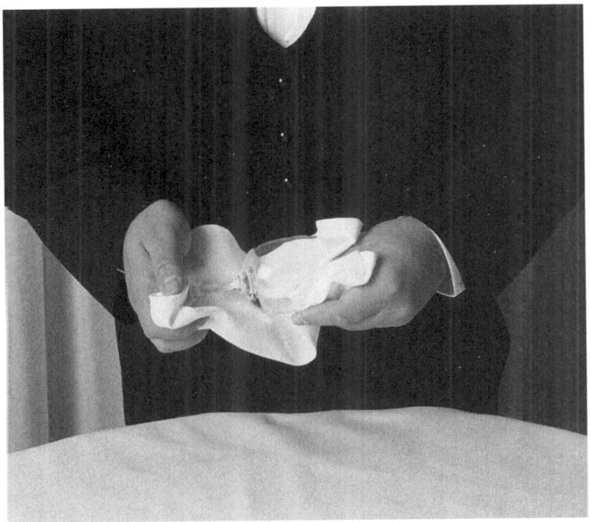

É indispensável que as taças estejam perfeitamente limpas, sem marcas de dedos ou resíduos do tecido usado para secá-las (de preferência o linho). São lavadas à mão, com água bem quente, sem detergentes, para garantir um tratamento mais delicado e não arranhar o vidro ou o cristal. Não se deve usar a lava-louças. Uma vez limpas, serão guardadas onde não absorvam odores desagradáveis.

Todas as taças têm de ser verificadas, e, eventualmente, cabe passar-lhes um guardanapo próprio antes de levá-las à mesa. Aquelas que, por questões de higiene, ficarem emborcadas, precisam ser recolocadas de pé antes da abertura do restaurante. Devem ser sempre transportadas em uma bandeja.

Na arrumação, ou *mise-en-place*, e nas sucessivas colocações das taças, é importante atentar para o seguinte: se nelas houver impressões de brasões ou do nome do restaurante, estas devem ficar voltadas para o cliente.

A GARRAFA

A garrafa é um recipiente de vidro, em geral colorido, de forma quase sempre cilíndrica em dois terços da altura. Seu gargalo, mais estreito, pode ser mais ou menos alongado, e apresenta na extremidade um aro resistente.

As garrafas para vinho variam na forma, na capacidade e também nas cores, que vão do verde mais ou menos escuro, passando pelo âmbar, até o marrom-escuro, quase negro.

BORDALESA

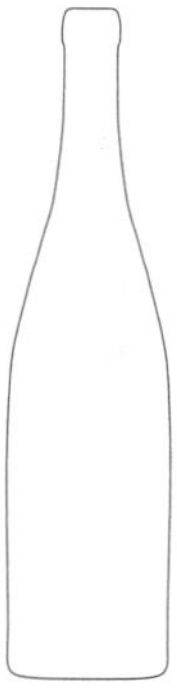
BORGONHESA

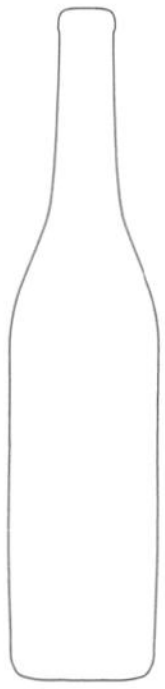
ALBEISA

CHAMPANHE

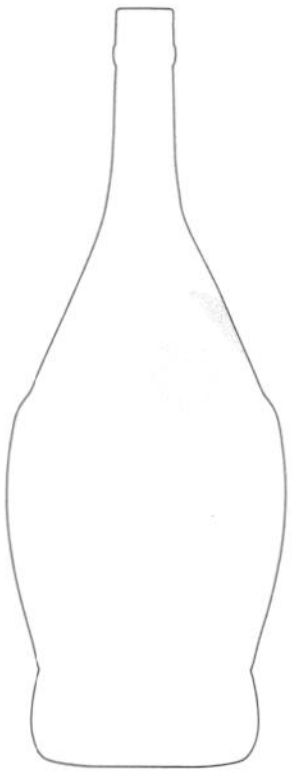
FIASCO

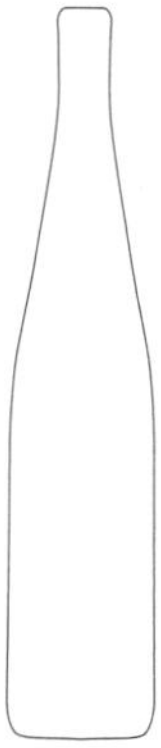
RENANA OU ALSACIANA

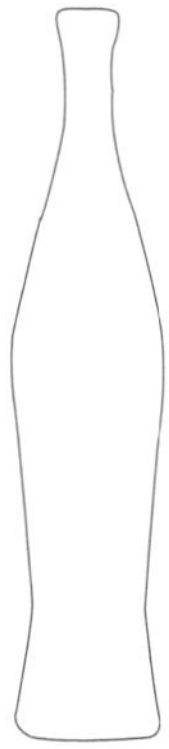
ÂNFORA

MARSALESA

CLAVELIN

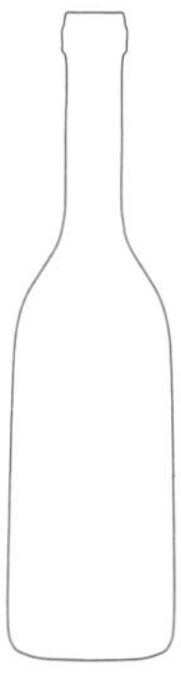
HÚNGARA OU TOKÁJI

BOCKSBEUTEL OU FRANCÔNIA

CORMÒNS

Os países produtores costumam usar garrafas com a capacidade expressa em litros (l). O nome do estilo desses recipientes vem das regiões em que certos tipos de vinho são engarrafados.

Bordalesa

É usada para muitos vinhos. As de cor verde mais ou menos intensa são particularmente adequadas aos vinhos de safra; as de vidro claro destinam-se aos vinhos brancos.

Borgonhesa

Também é empregada para um grande número de vinhos. Seu vidro é verde-escuro ou claro, cor de folha amarelada.

Renana ou Alsaciana

Originária da área ao longo do rio Reno, é utilizada principalmente para vinhos brancos.

Húngara ou Tokáji

É empregada para o Tokáji da Hungria, e sua capacidade é de 500ml.

Ânfora

Em forma de ânfora, é usada na Itália para o Verdicchio e, na França, para os vinhos da Provença.

Bocksbeutel ou Francônia

Típica da Francônia (Alemanha), destina-se, sobretudo, aos vinhos brancos da região.

Pulcianella

Muito parecida com a *bocksbeutel*, é originária da Úmbria (Itália) e usada, às vezes, para o vinho Orvieto.

Albeisa

De Alba, no Piemonte (Itália), tem forma cônico-cilíndrica. É a garrafa dos grandes vinhos tintos piemonteses.

Fiasco

A garrafa, ou *fiasco*, de Chianti é típica da Toscana (Itália), mas hoje não é tão utilizada.

Marsalesa

É a garrafa dos vinhos italianos Marsala. Muito semelhante às do Porto, Madeira e Sherry (xerez).

Clavelin

Usada para os Vins Jaunes du Jura. Sua capacidade é de 620ml.

Champanhe

Típica dos vinhos espumantes, de vidro verde-escuro e grosso, para resistir às altas pressões internas, e com a base côncava. Apresenta diferentes capacidades.

Foto: Gianfranco Patrignani

Quarto de garrafa (187ml), meia garrafa (375ml), garrafa (750ml), Magnum (2 garrafas), Jeroboam (4 garrafas), Rehoboam (6 garrafas), Methusalem (8 garrafas), Salmanazar (12 garrafas), Balthazar (16 garrafas), Nabuchodonosor (20 garrafas).

A ROLHA

Na sua profissão, o sommelier depara-se, às vezes, com garrafas que apresentam o característico e, infelizmente, famoso "gosto ou cheiro de rolha", e que devem ser substituídas. É importante que os vinhos por ele escolhidos tenham garantia e que os fornecedores, em tais situações, concordem em realizar a troca.

Todas as garrafas de vinho de qualidade são fechadas com rolha de cortiça, que conserva melhor a bebida e é mais elegante. Existem quatro tipos básicos desse produto no mercado: a de cortiça natural sólida, a de aglomerado de cortiça granulada, a mista de cortiça natural e aglomerada e, finalmente, a composta de partes de cortiça natural. A rolha deve ser leve, impermeável, isolante, suficientemente elástica para permitir a expansão em torno e ao longo do gargalo – de modo que garanta o máximo de aderência – e não pode ser do tipo que reage quimicamente, liberando odores e paladares desagradáveis.

3

CAPÍTULO

O serviço

O SERVIÇO DO VINHO

O serviço do vinho é o ato final do sommelier. Depois de organizar a adega, redigir a carta de vinhos e tratar de todos os tópicos mencionados, ele aconselha o cliente e lhe proporciona as melhores condições para apreciar a bebida e os pratos escolhidos.

A linguagem deve ser simples, clara e não demasiadamente técnica, pois o cliente não costuma ser um profundo conhecedor de enologia, enografia ou degustação. O tom de voz tem de ser gentil, e os gestos, rápidos, essenciais e elegantes.

O sommelier é responsável não só pelo serviço do vinho como também pelo de todas as outras bebidas, inclusive água, licores e destilados.

Para que o cliente possa apreciar plenamente as características do vinho, é indispensável que este seja servido na temperatura certa. Assim, a temperatura ideal para os vinhos brancos é inferior à dos tintos, de modo que acentue as características de frescor do seu tipo. No caso dos tintos, particularmente dos envelhecidos, ela é mais alta, pois assim suaviza o gosto do tanino e permite o desprendimento do seu magnífico buquê.

Nesta tabela, cada tipo de vinho é considerado de acordo com a videira, a estrutura e a evolução. As temperaturas podem parecer baixas, mas é importante lembrar que o vinho, uma vez na taça, aquece muito rapidamente.

As temperaturas dos vinhos		
	Temperatura inicial	Temperatura inicial do serviço na taça
Todos os vinhos frisantes e espumantes	5°C	7°C – 9°C
Vinhos brancos secos, jovens e rosados e todos os vinhos suaves e obtidos de colheitas tardias	7°C	9°C – 11°C
Vinhos tintos jovens, leves e frutados	8°C	10°C – 12°C
Grandes vinhos brancos ricos em álcool	8°C – 10°C	10°C – 12°C
Vinhos tintos elegantes	10°C – 12°C	12°C – 14°C
Grandes vinhos tintos ricos em álcool	12°C – 13°C	14°C – 15°C
Vinhos tintos tânicos	15°C – 17°C	18°C – 20°C
Passiti e licorosos, Vin Santo, Marsala, Porto, Sherry, Madeira	10°C – 12°C	13°C – 15°C

O PASSO A PASSO DA ABERTURA DA GARRAFA

- A abertura de uma garrafa começa com a remoção de parte da cápsula. Usar o canivete do saca-rolhas para cortar a cápsula – o que, em geral, se faz sob o anel do gargalo –, colocando-a no pires ou no bolso do paletó. A cápsula, cortada acima ou abaixo do gargalo, não deve jamais entrar em contato com o vinho.
- Secar e limpar a parte superior do gargalo cuidadosamente com um guardanapo.
- Introduzir a ponta do saca-rolhas no centro da rolha.
- Em seguida, girar a espiral, sem mover a garrafa nem atravessar a rolha, para não deixar cair pedaços da cortiça dentro do vinho.
- Apoiar a alavanca do saca-rolhas na boca do gargalo e segurar firme.
- Extrair a rolha delicadamente, tomando cuidado para não quebrá-la.
- Quando a rolha estiver quase totalmente do lado de fora, segurá-la com a mão e removê-la delicadamente, inclinando ao mesmo tempo a garrafa (para evitar ruídos e possíveis respingos de vinho).
- Cheirar a rolha para identificar a presença de odores estranhos.
- Colocar a rolha em um pires, à vista do cliente, porque ela é a garantia da origem do produto.
- Se o cheiro da rolha indicar alguma anormalidade, substituir a garrafa, pedindo desculpas e explicando ao cliente o que aconteceu. Contudo, se o vinho estiver em boas condições, secar o gargalo com o guardanapo de serviço para eliminar possíveis cristais de tartarato (sais minerais).

Quando servir o vinho?

Sempre antes dos pratos que ele acompanha. Muitas vezes, o vinho é servido tarde demais, quando os clientes já estão quase terminando a refeição. Esse é um erro imperdoável.

A ordem do serviço

É indispensável que o sommelier conheça as regras de prioridade do serviço.

Em caso de banquetes, "privados" ou "informais", a ordem de prioridade é a seguinte:

- damas,
- cavalheiros,
- clientes sentados no lugar de honra.

Se presentes, membros do clero devem ser servidos em primeiro lugar.

Há também outros tipos de situações, como eventos oficiais ou jantares, em que o sommelier é obrigado a seguir meticulosamente a ordem estabelecida pelo cerimonial. Nesses casos, não é necessário que ele peça a um dos clientes que prove o vinho porque terá verificado a qualidade das garrafas com antecedência.

Durante o serviço

- Antes que o serviço tenha início, as garrafas de vinho branco ou espumante que ficaram dentro do balde devem ser secas com guardanapo.
- O guardanapo pode continuar envolvendo a garrafa, mas o rótulo tem de permanecer claramente visível para o cliente.

• No momento de servir, o sommelier deve sustentar a garrafa pela base.

• Ao se encher a taça, não se deve ultrapassar mais de dois terços da sua capacidade. No caso de um vinho tinto envelhecido, servido em taças bojudas e muito grandes, a quantidade será bem menor.

• Uma garrafa em geral é suficiente para servir a mesa inteira, se forem oito a dez convidados.

• Durante o serviço, a garrafa repousa sobre uma mesa de serviço, ou *guéridon*, com o rótulo visível para o cliente.

• Uma garrafa vazia só pode ser substituída com autorização do cliente.

• As taças de vinho branco são retiradas antes de servido o vinho tinto ou o vinho seguinte, desde que estejam vazias. É obviamente necessário pedir licença para levá-las se ainda contiverem vinho.

• As taças de vinho tinto são normalmente retiradas antes do serviço do café, permanecendo sobre a mesa apenas os copos para água.

Quando se retiram as taças?

As taças para vinho branco devem ser substituídas antes de se servir o vinho tinto. Há duas situações típicas. A primeira é aquela em que a taça está vazia. Nesse caso, não há problema, e ela pode ser retirada da mesa; mas, se ainda restar um pouco de vinho, é necessário pedir permissão, discretamente, ao cliente.

O mesmo procedimento é adotado para as taças de vinho tinto, depois de servido o vinho que acompanha a sobremesa (se fizer parte do cardápio). De outra forma, elas serão levadas quando o café estiver pronto para ser oferecido, deixando-se apenas os copos para água. Havendo fumantes à mesa, o sommelier deve cuidar também dos cinzeiros e substituí-los, em consideração aos não fumantes.

A ORDEM DE SERVIÇO DOS VINHOS À MESA

O serviço dos vinhos à mesa depende da ordem dos pratos escolhidos pelo cliente, ainda que o convencional seja começar pelos espumantes ou brancos, prosseguindo com os rosados, os tintos e os licorosos ou espumantes doces e aromáticos. O número de sugestões varia de acordo com os pratos e a importância da refeição. Estas são algumas recomendações gerais:

1. Cada prato deve combinar com o vinho ideal.
2. Os vinhos são sugeridos de acordo com a estação, o orçamento e o gosto. No verão, por exemplo, preferem-se os brancos e os rosados, leves e frescos. Os grandes tintos ficam para as estações mais frias.
3. Os vinhos são servidos em ordem crescente de teor alcoólico.
4. Servem-se os brancos antes dos tintos. Contudo, podem ocorrer exceções como na situação em que vinhos *passiti* ou espumantes doces e aromáticos acompanham a sobremesa.
5. Vinhos refrescados são servidos antes dos vinhos em temperatura ambiente. Aqui também há exceções, como no caso em que um *passito* ou um espumante doce ou aromático é oferecido refrescado no fim da refeição.
6. Servem-se vinhos leves antes dos encorpados, para não "castigar" um vinho de perfume delicado e sabor suave, que "sofreria" se fosse saboreado depois de outro com mais personalidade.
7. Em geral, não se combina um vinho tinto encorpado com frutos do mar. Mas não há problema se o molho do peixe for preparado com vinho tinto.
8. Um grande vinho não é servido sozinho durante uma refeição.
9. Nenhum grande vinho branco licoroso deve acompanhar carne vermelha ou de caça.
10. Vinhos espumantes são servidos de acordo com seu tipo (*brut*, meio-seco, seco, extrasseco etc.). No início de uma refeição, pode-se oferecer um Crémant, seguido de um *brut* clássico (de safra), um *blanc de blancs* ou um *cuvée* de prestígio, finalizando com um meio-seco ou espumante doce/aromático.

Os vinhos que "não agradaram" ao cliente

Essa é uma situação muito delicada, embora rara, em que a intuição e o profissionalismo do sommelier serão de grande ajuda.

É indispensável provar o vinho na frente do cliente e, havendo algum problema, como "gosto de rolha", por exemplo, pedir licença e substituir a garrafa sem hesitação. Nesses casos, redige-se um "vale de devolução" e a garrafa ruim é guardada para que o gerente ou outro funcionário a verifique.

Se o vinho estiver perfeito, mas, ainda assim, o cliente não gostar ou encontrar "uma pequena falha", será possível explicar-lhe que "esse sabor especial" é característico de determinado vinhedo, resulta do processo de engarrafamento etc. No entanto, em geral, e especialmente na presença de demais convidados, é melhor "concordar" com a opinião do cliente sem discutir e oferecer outro tipo de vinho.

Quando a garrafa é muito antiga e rara, é essencial dizer ao cliente que ela não poderá ser trocada. Se o vinho estiver realmente ruim, cabe ao gerente decidir sobre a substituição.

Decantação

A decantação é um processo que se aplica aos grandes vinhos tintos envelhecidos, basicamente para filtrar sedimentos. Esse sistema, que permite igualmente "arejar" o vinho, compõe-se de várias fases, durante as quais se deve ter muito cuidado, mas também uma certa descontração nos movimentos.

A garrafa deve sair da adega dentro da cesta e ser transportada com cuidado para não agitar os sedimentos presentes no vinho.

A transferência do vinho da garrafa para o *decanter*

Para a decantação de vinho sem borra, não é necessário usar a vela. Essa operação é indicada para os vinhos com algum teor de tanino, e é habitual nos grandes restaurantes, especialmente quando o pedido é feito pouco antes de os pratos serem servidos.

Muitos grandes vinhos brancos também aprimoram suas características quando passados para uma jarra. Esse processo não deve "maltratar" o vinho, mas precisa ser realizado com mais rapidez do que na decantação.

O SERVIÇO DE OUTRAS BEBIDAS

O sommelier não se encarrega unicamente do serviço do vinho, mas do de todas as outras bebidas. Em um restaurante, por exemplo, o aperitivo tem um papel importante. Ele é oferecido ao cliente à mesa ou no bar, se aquela ainda não estiver liberada.

É importante que o aperitivo seja saboroso, refrescante e prepare o paladar para a refeição que se seguirá. Não deve tirar o apetite; ao contrário, deve estimulá-lo! Os aperitivos ideais são o champanhe *brut* e os espumantes como o italiano Talento. Em ocasiões especiais, é costume servi-los acompanhando canapês quentes e outros antepastos.

Também é comum servir um vinho seco ou fortificado, como um Fino ou um Manzanilla refrescados, ou ainda os Vins Jaunes du Jura ou um Madeira Sercial. Um Porto branco ou um Marsala virgem são outras opções.

É sempre apropriado também pensar em alternativas para os clientes que não bebem álcool.

Os digestivos são servidos no fim da refeição, depois da sobremesa. O sommelier pode oferecer um licor ou destilado junto com o café ou logo após. No seu serviço, usa-se a bandeja ou o carrinho já aparelhado com copos e garrafas.

CHARUTOS

A apresentação e o serviço dos charutos pelo sommelier é muito importante, embora hoje eles só possam ser fumados em salas especiais, principalmente nos países que proíbem o tabagismo em ambientes públicos.

Conhaque, *brandy* e armanhaque – Servem-se nos copos tradicionais ou naqueles em forma de tulipa.

Aguardentes – Em sua maioria são servidas bem frias, mas não geladas, em copos do tipo balão de tamanho médio.

Uísque – Um destilado de cereal, pode ser oferecido de várias maneiras – puro, com gelo ou água gelada, segundo a preferência do cliente. Os muito envelhecidos devem ser sempre servidos puros e em copos com forma de tulipa ou do tipo balão.

Gim – Serve-se puro ou com gelo e em copos sem pé.

Vodca, vodca aromatizada e Acqua-Vitae – Hoje são normalmente servidos gelados.

Rum jovem e cachaça – Também são oferecidos gelados. A maneira de servir o rum envelhecido é igual à dos destilados de vinho.

Grapa ou Marc – São tradicionalmente servidos puros, em copos pequenos, mas tornou-se mais frequente servi-los em copos do tipo balão.

Tequila – É servida em copos sem pé, acompanhada de sal e pequenas fatias de limão.

***Bitters* e licores** – Em geral, usam-se copos de licor, se puros; e copos maiores, como os sem pé, de tamanho médio, se estiverem acompanhados de gelo.

Chope – Usa-se caneca clássica, de vidro ou cerâmica.

Cerveja de garrafa – Pode ser utilizado um copo de haste curta ou o copo sem pé, dependendo do país e do tipo de cerveja.

Água mineral – Deve ser servida com especial cuidado. É indispensável perguntar imediatamente o tipo que o cliente prefere: com ou sem gás. O serviço, nesse caso, tem de ser o mais rápido possível. Nos países em que se aprecia beber água durante a refeição, é costume oferecer uma taça com gelo quando o cliente chega.

Classificam-se e distinguem-se os charutos por seu país de origem: Cuba, República Dominicana, Honduras, Jamaica, Brasil, ilhas Canárias etc. Os melhores são os cubanos Havana. Entre as marcas cubanas mais famosas estão Montecristo, Romeu y Julieta, Partagas, Punch e Cohiba. Os famosos charutos Davidoff são produzidos atualmente em São Domingos, na República Dominicana.

Em geral, se guardados corretamente, os charutos mantêm-se em boas condições por 15 a vinte anos. E, como acontece com alguns vinhos, a idade aprimora suas características. Para que seu aroma e suavidade permaneçam inalterados, devem ser conservados em um umidificador, com variação de 53% a 57% de umidade relativa.

A *mise-en-place*:

- Charutos no umidificador.
- Dois cinzeiros, um para o sommelier e o outro para o cliente.
- Fósforos de madeira, longos, de preferência.
- Cortador de charutos ou guilhotina.

OS PRINCIPAIS FORMATOS

	Diâmetro (em mm)	Comprimento (em mm)
Mini Panatella	10 – 12,4	< 120 – 130
Slim Panatella	10 – 12,4	< 130
Meio Tasse	12,4 – 14	< 120 – 130
Panatella	12,4 – 14	< 130
Meio Corona	15 – 17,5	< 100
Pequeno Corona	15 – 17,5	< 100 – 120
Corona	15 – 17,5	< 120 – 140
Grand Corona	15 – 17,5	< 150
Pequeno Churchill	17,5 – 19	< 120 – 130
Churchill	17,5 – 19	< 130
Robusto	> 19	< 120 – 130
Duplo Corona	> 19	> 130

O SERVIÇO

A escolha da marca e da forma de um charuto é muito pessoal. É apropriado permitir que o cliente selecione o produto de sua preferência diretamente do umidificador ou da carta de charutos.

O primeiro passo é cortar a ponta do charuto. O talho deve ser circular e com um milímetro a menos do que o comprimento do charuto. Embora essa seja uma tarefa exclusiva do sommelier, é recomendável perguntar antes ao cliente se ele deseja executá-la. Em geral, os amantes dos charutos preferem acendê-los eles mesmos. Nos casos em que o sommelier se encarrega dessa operação, ele faz o corte e, em seguida, aquece a extremidade que vai ser acesa girando o charuto entre os dedos com bastante atenção para manter a ponta a 1cm da chama (de vela, fósforo, cedro etc.), e assim não queimá-lo além do necessário. Para dar uniformidade à brasa, ele a assopra delicadamente e espera que se forme um milímetro de cinza incandescente antes de apresentar o charuto ao cliente.

O CONCURSO PARA O TÍTULO DE "MELHOR SOMMELIER DO MUNDO"

O concurso para o título de "Melhor Sommelier do Mundo" é agora organizado a cada três anos pelo último país membro da ASI premiado nessa competição. Sommeliers das mais diversas nações participam desse evento de alto nível, que permite às associações nacionais apresentarem seus melhores candidatos. O concurso atrai um grande número de profissionais da indústria hoteleira e de restaurantes, proporcionando oportunidades únicas de intercâmbio e incentivando o aperfeiçoamento de habilidades pessoais e da profissão em geral.

Concluindo, pode-se dizer que é nesse tipo de manifestação que se encontra exaltada toda a arte do sommelier.

Testes para o Concurso Mundial

A comissão técnica do concurso mundial é formada por sommeliers famosos e de comprovada competência. Seus integrantes estabelecem as provas que são aplicadas para avaliação dos candidatos e que estão resumidas a seguir apenas a título de informação.

A) Semifinal

– Prova escrita

– Análise organoléptica (prática/escrita)

– Combinação de comida e vinho (prática/escrita)

– Prova de serviço

B) Final

– Análise organoléptica dos vinhos e de algumas bebidas (oral)

– Classe e estilo/comportamento

– Degustação em língua estrangeira

– Prova prática de serviço

– Combinação de comida e vinho (prática)

– Decantação de um vinho

– Correção de uma carta de vinhos

O livro de ouro de "O Melhor Sommelier do Mundo – Medalha de Ouro"

VENCEDOR	ANO	LOCAL
Armand Melkonian (França)	1969	Bruxelas
Piero Sattanino (Itália)	1971	Milão
Giuseppe Vaccarini (Itália)	1978	Lisboa
Jean-Luc Pouteau (França)	1983	Bruxelas
Jean-Claude Jambon (França)	1986	Veneza
Serge Dubs (França)	1989	Paris
Philippe Faure-Brac (França)	1992	Rio de Janeiro
Shinya Tasaki (Japão)	1995	Tóquio
Markus del Monego (Alemanha)	1998	Viena
Olivier Poussier (França)	2000	Montreal
–	2003	São Francisco

Os concursos internacionais	
Concurso	**Organizador**
"Melhor Sommelier do Mundo" (a cada três anos)	Association de la Sommellerie Internationale
Troféu Ruinart para o "Meilleur Sommelier d'Europe" (a cada dois anos)	Champagne Ruinart
Grand Prix Sopexa para o "Meilleur Sommelier en Vins et Spiritueux de France" (a cada três anos)	Sopexa
Master of Port	Patrocinador: vários produtores de Porto

GLOSSÁRIO*

ABOCADO OU ADAMADO – Vinho levemente doce, amável.

ACASTANHADO – Nuança dos vinhos tintos, que lembra a cor da castanha ou do tijolo, geralmente associada a vinhos envelhecidos.

ACETIFICADO – Vinho com forte presença de ácido acético ("avinagrado").

ACIDEZ – Resultante dos ácidos presentes no vinho (de origem fermentativa) ou da própria uva. Em determinadas concentrações, torna o vinho sápido, conferindo-lhe vivacidade e frescor.

ACIDEZ FIXA – Derivada da presença dos ácidos orgânicos (tartárico, málico, lático, cítrico).

ACIDEZ VOLÁTIL – Quando originária do acetato de etila.

ACÍDULO – Vinho que apresenta um ligeiro excesso de acidez, mas que ainda é agradável.

ACQUA-VITAE – Termo latino para "aguardente".

ACRE – Indica a sensação desagradável de excessiva acidez e presença de taninos, o que provoca irritação das mucosas.

AÇÚCARES RESIDUAIS – Açúcares que permanecem no vinho depois de interrompida a fermentação.

ADSTRINGENTE – Vinho com excesso de taninos, áspero, duro, que deixa na boca uma sensação de cica. O mesmo que tânico. É uma característica dos tintos jovens. Popularmente chamado de "rascante".

---

* Fonte: Associação Brasileira de Sommeliers (ABS).

Adulterado – Vinho acrescido de substâncias estranhas à sua composição e/ou não admitidas por lei.

Afinado – Vinho que evoluiu corretamente, adquirindo perfeito equilíbrio entre aroma e sabor.

Agradável – Termo empregado para especificar que o conjunto aroma-sabor de um vinho está organolepticamente equilibrado.

Agressivo – Vinho com excesso de acidez e adstringência, ainda jovem ou em processo de evolução.

Agridoce – Sabor provocado por grave doença do vinho, decorrente da ação de bactérias láticas que transformam os açúcares residuais em manite (substância química), conferindo à bebida um gosto ao mesmo tempo acre (em consequência dos ácidos) e doce (pela manite), que lembra a fruta supermadura.

Agulha – Sensação tátil causada pela presença do gás carbônico, bem característica dos vinhos verdes

Alaranjado – Nuança dos vinhos tintos, que se assemelha à cor da casca da laranja madura. Característica de vinhos envelhecidos.

Alcoólico – Vinho cujo elevado teor de álcool é percebido de maneira desarmônica, acima dos demais componentes.

Alterado – Vinho que sofreu qualquer mutação de caráter físico-químico ou enzimático.

Amadurecimento – Processo de evolução dos vinhos submetidos a um estágio em um grande recipiente.

Amargo – Um dos quatro sabores elementares percebidos na língua, resultante da ação de substâncias fenólicas, entre as quais o tanino. Doença causada por bactérias láticas, que atacam a glicerina e a transformam em acroelina; esta, combinando-se em seguida com os polifenóis, provoca amargor.

Âmbar – Tonalidade de amarelo, cor típica de alguns vinhos licorosos. Nos vinhos comuns, indica oxidação ou madeirização.

Ambientar – Tornar o vinho compatível com a temperatura do ambiente onde será servido. O mesmo que *chambrer*.

Amplo – Vinho com buquê rico e com muitas nuanças, que oferece agradáveis sensações olfato-gustativas.

Análise sensorial – Exame das propriedades organolépticas do vinho por meio dos órgãos dos sentidos.

Ardente – Vinho que provoca uma sensação tátil de causticidade ("queimação"), resultante de seu alto teor alcoólico.

Aroma – Conjunto de sensações percebidas diretamente por via nasal ou retronasal (através da boca). Pode ser primário ou varietal (derivado da própria uva), secundário (originário da fermentação) ou terciário (originário do envelhecimento, que, em conjunto com os anteriores, produz o chamado buquê).

Aromático – Vinho cujo aroma provém diretamente de castas aromáticas (Sauvignon, Malvasia, Traminer etc.).

Arquetes ou lágrimas – Efeito provocado nas paredes da taça com vinho após agitação. É um fenômeno de tensão superficial, que se dá pela evaporação do álcool; quanto mais amplo o arquete, menor a presença do álcool.

Áspero – Vinho rico em taninos ou em acidez, bastante duro. Geralmente associado aos tintos jovens.

Atijolado – Vinho tinto cuja cor tende ao ocre, remetendo ao vermelho-tijolo, e de uma tonalidade pouco vivaz. É uma característica dos vinhos envelhecidos.

Atípico – Vinho que não apresenta qualquer elemento ou caráter de tipicidade.

Austero – Um grande vinho, bem estruturado e envelhecido, que manteve uma ligeira tanicidade.

Aveludado – Vinho extremamente macio, lembrando a textura do veludo.

Avinagrado – Vinho com excesso de ácido acético; próximo de se tornar vinagre. Ver Acetificado.

Bitters – Bebidas de sabor levemente amargo.

Blanc de blancs – Vinho branco produzido exclusivamente com uvas brancas.

Blanc de noirs – Vinho branco elaborado com uvas tintas.

Branco – Vinho obtido pela vinificação de uvas brancas.

Branco-papel – Vinho quase incolor. Peculiaridade de alguns brancos jovens.

Brilhante – Vinho com perfeita transparência e luminosidade. Próprio dos brancos jovens.

Brut – Designa o tipo de espumante com menor teor de açúcares residuais.

Buquê – Conjunto de características olfativas adquiridas pelo vinho no ambiente reduzido da garrafa, que engloba também os aromas primários e secundários. Pertinente aos vinhos envelhecidos. Ver Aroma.

Carnoso – Vinho de boa consistência na boca.

Casta – Variedade de uva.

Cereja – Cor ligeiramente viva dos rosados, assemelhando-se à da cereja.

Chambrer – Adaptar o vinho à temperatura ambiente.

Champanhe – Espumante natural produzido na região de Champanhe, França.

Champenois – Método de espumatização que consiste em refermentar o vinho na própria garrafa. Tradicionalmente usado na região de Champanhe, França.

Chaptalização – Prática em que se adicionam ao mosto açúcares não provenientes da uva quando esta é pobre em açúcares naturais. Permitida apenas em alguns países, onde é prevista em lei.

Charmat – Método de espumatização criado por Eugène Charmat, em que o vinho sofre a segunda fermentação em um grande recipiente.

Chato – Vinho com carência de acidez fixa.

Cheio – Vinho que enche a boca de quem o degusta.

Clarete – Cor mais intensa que o cereja; tonalidade dos rosados que mais se aproxima da dos vinhos tintos.

Comum – Vinho de consumo corrente, não distinguido por classificações especiais.

Corpo ou extrato seco – Todos os elementos que permanecem no vinho após a evaporação da água, do álcool e das substâncias voláteis. Na prática, é formado por taninos, ácidos, sais minerais e substâncias pécticas.

Corte – Prática de cantina que consiste na mistura de dois ou mais tipos de vinho ou de vinhos da mesma casta de safras diferentes.

Cozido – Sabor que adquirem certos vinhos submetidos a um processo de pasteurização mal conduzido.

Crémant – Tipo de espumante produzido fora da região de Champanhe, França.

Cristais de tartarato – Resíduos de sais minerais que, em geral, se encontram no vinho sob a forma de pequenos cristais, tecnicamente chamados de bitartarato de potássio.

Cru – Termo que especifica um local especial de produção de vinhos.

Curto – Vinho de pouca persistência olfato-gustativa, fugidio.

Cuvée – Vinho extraído da primeira prensagem da uva branca.

De safra – Vinho produzido com uvas da última colheita.

Decantar – Ato de transferir o vinho da garrafa para uma jarra, com o propósito de separar os sedimentos que se originam do processo de envelhecimento.

Decrépito – Vinho que, por excesso de envelhecimento, torna-se apagado, quase sem perfume, cor ou sabor.

Defeituoso – Vinho que contém cheiros ou sabores estranhos devidos, geralmente, à falta de higiene da cantina ou à má conservação dos recipientes utilizados.

Delicado – Vinho elegante, gracioso, que se caracteriza por particular harmonia e qualidade.

Denso – Vinho que, no aspecto visual, mostra densidade superior à da água. Propriedade dos vinhos doces do tipo Sauternes.

Desarmônico – Vinho que se revela desequilibrado do ponto de vista gustativo pela carência ou excesso de um ou mais componentes.

Doce – Vinho em que o sabor doce dos açúcares predomina sobre os demais (contém açúcares residuais acima de 50g/l). No Brasil, o mesmo que "suave".

Duro – Vinho rico em acidez fixa e taninos. Característica de tintos jovens.

Efervescente – Vinho que desprende gás carbônico em forma de pequenas bolhas.

Elegante – Vinho muito equilibrado, fino, de classe.

Encorpado – Termo usado em degustação para designar um vinho rico em extrato seco (corpo). Vinho de grande estrutura.

Enologia – Estudo do que se refere aos vinhos e sua produção.

Envelhecido – Vinho com pelo menos quatro anos de idade a partir da data especificada no rótulo. Aquele que atingiu o último estágio de sua evolução e que ainda mantém propriedades organolépticas apreciáveis.

Equilibrado – Vinho em que todos os componentes estão na proporção correta, principalmente o álcool e os ácidos.

Escorregadio – Vinho com densidade semelhante à da água.

Espumante – Todo vinho obtido por uma segunda fermentação alcoólica (como o champanhe). Termo empregado para designar esse tipo de vinho quando produzido fora da região de Champanhe, França.

Espumatização – Técnica de elaboração de vinhos espumantes.

Estágio – Permanência do vinho na adega ou na garrafa.

Estruturado – Vinho com boa presença de álcool, ácidos e taninos.

Etéreo – Perfume com odor característico de éteres. Próprio dos vinhos envelhecidos.

Evanescente – No exame dos espumantes, refere-se à espuma que desaparece rapidamente.

Evolução – Ver Amadurecimento.

Fermentação – Transformação dos açúcares em álcoois, gás carbônico e outras substâncias.

Fiadeiro – Vinho doente cuja densidade é semelhante à do azeite.

Fim de boca – Sensações finais, gustativas e olfato-gustativas, percebidas após a deglutição do vinho.

Fino – Vinho de qualidade, cujas características olfativas e gustativas são elegantemente equilibradas.

Flûte – Tipo de taça própria para servir espumantes.

Forte – Ver Encorpado.

Fortificado – Vinho especial, como Porto ou Madeira.

Foxy – Odor que caracteriza os vinhos produzidos com uvas americanas ou outras uvas híbridas. Lembra o cheiro vulpino (de raposa).

Fragrante – Vinho cujo frescor olfativo abre as mucosas nasais, proporcionando uma sensação agradável como a propiciada pelo aroma da hortelã.

Franco – Vinho que, no seu aspecto olfativo, é absolutamente isento de defeitos.

Fresco – No aspecto gustativo, refere-se ao vinho com ligeiro excesso de acidez, mas, ainda assim, muito agradável.

Frisante – Vinho ligeiramente efervescente, caracterizado por uma certa riqueza de anidrido carbônico, porém inferior à dos espumantes.

Frutado – Vinho com aroma e gosto de frutas frescas. Peculiaridade dos vinhos jovens.

Fugidio – Vinho de pouca persistência olfato-gustativa.

Generoso – Vinho de alto teor alcoólico, porém acompanhado de uma estrutura e riqueza tais que o tornam plenamente satisfatório e tônico para o organismo. Termo também empregado para designar os vinhos fortificados com aguardente vínica (Porto, por exemplo).

Gordo – Vinho com grande concentração de poliálcoois.

Gorduroso – Vinho rico em maciez, que lhe é conferida pela glicerina, mas também cheio e carnoso.

Grande – Vinho exemplar, conhecido mundialmente.

Harmônico – Vinho em que todos os componentes encontram-se em perfeito equilíbrio.

Herbáceo – Designação de certos vinhos jovens, como o Cabernet Franc, cujo aroma remete levemente ao de ervas frescas.

Intenso – Termo que especifica vinhos ricos em matérias corantes, de bom impacto olfativo e gustativo.

Jovem – Vinho que, por não ter completado sua evolução, pode apresentar algum desequilíbrio.

Leve ou ligeiro – Vinho com pouco corpo.

Licoroso – Vinho rico em açúcares, que se assemelha a um licor. Normalmente, acompanha sobremesas.

Límpido – Vinho que, no exame visual, revela-se totalmente isento de partículas em suspensão. Não deve ser confundido com "transparente".

Luminosidade – Um belo brilho do vinho, cor acesa.

Macio – Vinho com bom teor de glicerina, justamente alcoólico e com pouca acidez.

Madeirizado – Vinho que sofreu um escurecimento e adquiriu um cheiro de aldeídos em consequência do processo de oxidação. Nos do tipo Madeira e Marsala, é um caráter de tipicidade.

Maduro – Vinho que atingiu um estágio ideal em sua evolução, com pleno desenvolvimento das propriedades organolépticas.

Magro – Vinho pobre em corpo e extrato seco. Se não apresentar desequilíbrio, pode ser agradável.

Marc – Tipo de destilado produzido com o bagaço da uva.

Mercaptano – Odor desagradável, resultante da formação de compostos sulfurosos.

Metálico – Sabor defeituoso conferido ao vinho por certos metais como o cobre e o ferro.

Mise-en-place – Em hotelaria, a preparação prévia dos vários utensílios que serão usados durante o serviço.

Mofo – Defeito provocado pelo excesso de umidade causado por bactérias; esta é passada ao vinho por tonéis em mau estado de conservação ou pela rolha.

Mole – Vinho totalmente isento de acidez e vivacidade.

Mosto – Líquido denso e muito doce obtido pelo esmagamento da uva fresca e que ainda não sofreu fermentação.

Nervoso – Vinho que, pela riqueza de acidez, impressiona viva e favoravelmente os órgãos dos sentidos.

Nítido – Perfume com uma só nuança bem definida ou de gosto único e precisamente caracterizado.

Opalescente – Vinho, em particular branco, levemente velado.

Organolépticas (propriedades) – Características perceptíveis pelos órgãos dos sentidos.

Ouro – Tonalidade do amarelo própria de certos vinhos brancos, com nuanças que vão do claro ao ouro-antigo.

Oxidado – Vinho alterado em suas características visuais, olfativas e gustativas pelo contato com o ar. A cor fica mais escura que o normal, e a acidez tem uma queda acentuada, tendendo para o madeirizado.

Palha – Tonalidade do amarelo própria dos vinhos brancos – pode ser clara ou intensa.

Passito – Vinho obtido por meio da passificação (desidratação) das uvas. Usualmente, acompanha sobremesas.

Pastoso – Vinho espesso, gordo e muito doce, que deixa na boca a sensação de uma untuosidade enjoativa.

Pele-de-cebola – Nuança de cor dos vinhos rosados.

Persistência – Conjunto de sensações olfato-gustativas percebidas após a deglutição do vinho, e que podem ser aferidas em segundos.

Pronto – Vinho que se apresenta em condições próprias para o consumo.

Pungente – Sensação percebida na boca, e que pode resultar da elevada concentração de anidrido carbônico, da causticidade ("queimação") provocada pelo álcool ou do excesso de anidrido sulfuroso.

Púrpura – Tonalidade dos vinhos tintos, lembrando o vermelho intenso e tendendo para o violeta.

Quente – Vinho justamente alcoólico que provoca uma agradável sensação de calor.

Rançoso – Vinho que causa sensações desagradáveis provocadas por alterações microbianas e que se caracterizam por um gosto de manteiga azeda.

Rascante – Ver Adstringente.

Redondo – Vinho rico em glicerina, álcoois e açúcares residuais, quase sempre acompanhado de uma moderada acidez e com escasso teor de taninos, o que o torna extremamente macio.

Resinoso – Vinho que apresenta características de resinas vegetais.

Retrogosto – Conjunto de sensações finais, percebidas após a deglutição do vinho.

Robusto – Ver Encorpado.

ROLHA – Defeito causado ao vinho pela rolha contaminada pelo fungo *Armilaria mellea*.

ROSADO – Vinho tinto vinificado com pouco contato do líquido com as cascas de uvas vermelhas.

RUBI – Tonalidade típica dos vinhos tintos maduros.

SALGADO – Anomalia peculiar de certos vinhos ricos em sais minerais.

SÁPIDO – Vinho agradável pela justa quantidade de ácidos e de sais minerais.

SECO – Pela legislação brasileira, é o vinho que contém um máximo de 5g/l de açúcares residuais.

SUAVE – Pela legislação brasileira, é o vinho em que há um mínimo de 20,1g/l de açúcares residuais. Termo empregado exclusivamente para designar o grau de doçura do vinho.

SULFÍDRICO – Defeito que se caracteriza pelo cheiro de ovo podre.

SUTIL – Perfume muito ligeiro ou um vinho que oferece poucas e tênues sensações gustativas.

TANICIDADE – Ver TÂNICO.

TÂNICO – Vinho rico em taninos, encontrados, principalmente, nos tintos jovens; o mesmo que adstringente.

TANINO – Substância presente nos engaços, nas sementes e nas cascas das uvas tintas.

TÊNUE – Vinho de pouca intensidade olfativa.

TINTO – Vinho produzido pela vinificação de uvas tintas.

TIPICIDADE – Identificação do vinho com a região em que é produzido.

TÍPICO – Vinho cujos caracteres de tipicidade são intensamente marcados.

TRANSPARÊNCIA – Característica visual essencial a todos os vinhos de qualidade, tintos ou brancos. Na prática, um vinho é transparente quando permite a visão de um objeto colocado atrás da taça. Não deve ser confundida com limpidez.

TURVO – Vinho com limpidez totalmente alterada, com grande quantidade de substâncias coloidais em suspensão.

VELADO – Vinho com pouca limpidez.

VELHO – Ver ENVELHECIDO.

VERDE – Denominação de vinhos produzidos na região nordeste de Portugal.

VERDEAL – Tonalidade dos vinhos brancos em que prevalecem reflexos esverdeados.

VINICULTURA – Processo de elaboração dos vinhos.

VINOSO – Característica dos vinhos jovens, que lhes confere um leve cheiro do mosto da uva.

VITIVINÍCOLA – Referente à vitivinicultura. Esse termo também designa a empresa que produz vinhos oriundos de uvas de seu próprio cultivo.

VITIVINICULTURA – A combinação da produção das uvas com a elaboração dos vinhos.

VIVACIDADE – Sensação de frescor gustativo causada pela presença de uma boa acidez.

VIVO – Vinho com ligeiro excesso de acidez, porém ainda agradável.

Endereços da Associação Brasileira de Sommeliers

BAHIA
Rua Potiguares, 218 – Bloco 1 – ap. 401
Rio Vermelho
Salvador – BA – CEP 41940-100
Tel.: (71) 3011-2243
contato@abs-ba.com.br
Presidente: Andre Romeo
Contato: Heliana Diniz
Secretária: Ângela Levita

CEARÁ
Av. Santos Dumont, 5.753 – sala 409 –Torre 1
Fortaleza – CE – CEP 60175-047
Tel.: (85) 3265-8330
absceara@gmail.com
Presidente: Paulo Marcelo Accioly
Vice-presidente: Marcus Antonius de Oliveira Vale

DISTRITO FEDERAL
SRTV Sul – Quadra 701 – Conjunto L – Bloco 2 – sala 127 – Edifício Assis Chateaubriand – Asa Sul
Brasília – DF – CEP 70340-000
Tel.: (61) 3323-5321 / Telefax: (61) 3322-7138
abs@abs-brasilia.com.br
Presidente: Antonio Duarte
Vice-presidente: Juan José Verdesio

GOIÁS
Av. C-197, 1.271 – Jardim América
Goiânia – GO – CEP 74270-030
Tel.: (62) 3954-3214
buffet@kabanas.com.br
Presidente: Ricardo Netto Siqueira
Vice-presidente: Francisco Lucovico

MINAS GERAIS
Rua Sergipe, 431 – Funcionário
Belo Horizonte – MG – CEP 30130-170
Tel.: (31) 2555-8938
abs@abs-minas.com.br
Presidente: Lucia Palhano
Secretária: Miriam

PARAÍBA
Rua Edson Ramalho, 922 – sala 201 – Manaíra
João Pessoa – PB – CEP 58038-102
Tel.: (83) 3021-6080
contato@abs-pb.org.br
Presidente: Afra de Paiva e Silva Soares
Vice-presidente: Hermínio Fonseca Almeida
Secretária: Ana Sauvé

PARANÁ
Alameda Júlia da Costa, 64 – São Francisco
Curitiba – PR – CEP 80410-070
Tel.: (41) 9991-8666
contato@abs-pr.com.br
Presidente: Andersen Jorge Silva do Prado
Vice-presidente: Rudy Keller
Diretor: Fabio Rogério Carnielli Pereira

NORTE DO PARANÁ
Rua Goiás, 1.759 – Centro
Londrina – PR – CEP 86020-410
Tel.: (43) 9994-4848
abs.nortedoparana@gmail.com
Presidente: Acir Antonio Valença
Vice-presidente: Patricia Brill

PERNAMBUCO
Rua José da Silva Lucena, 273 – Imbiribeira
Recife – PE – CEP 51160-350
Tels.: (81) 3081-2124 / 9114-9990
Presidente: José Roberto Dantas
Vice-presidente: Marco Antonio Freitas

RIO DE JANEIRO
Praia do Flamengo, 66 – Bloco B – sala 311
Flamengo – Rio de Janeiro – RJ – CEP 22210-903
Telefax: (21) 2285-0497 / 2265-2157 / 3235-5576 / 3495-2958
abs@abs-rio.com.br
Presidente: Ricardo Farias
Secretária: Marisa Rocha

FILIAL BARRA
Av. Ayrton Senna, 3.000 – Bloco 2 – sala 210
Via Parque Offices
Barra da Tijuca – Rio de Janeiro – RJ
CEP 22775-904
Tels.: (21) 2421-9640 / 3495-3884
abs-barra@abs-rio.com.br
Diretor responsável: João Fontes Neto
Secretário: Fábio Pereira

RIO GRANDE DO SUL
Av. Independência, 1.125 – Conjunto 403
Porto Alegre – RS – CEP 90070-077
Tel.: (51) 9964-5526
Presidente: Regina Kovalski

SANTA CATARINA
Rua Padre Lourenço Rodrigues de Andrade, 496
Santo Antonio de Lisboa – Florianópolis – SC
CEP 88050-400
Tel.: (48) 3282-0550
Presidente: Acari Amorim

SÃO PAULO
Rua Gomes de Carvalho, 1.327/1.329 – 2º andar – Conjunto 21 – Ed. Olympia Park
São Paulo – SP – CEP 04547-005
Tels.: (11) 3814-1269 / 3814-7853
abs-sp@abs-sp.com.br
Presidente: Mario Telles Jr
Secretária: Rose Claire Marie Philodemos

BAURU
Rua Rio Branco, 985 – Centro
Bauru – SP – CEP 17015-310
Tel.: (14) 99137-1705
abs.sp.bauru@gmail.com
Presidente: Alfredo Habib Kesam Jr.
Vice-presidente: Luiz Antonio Ruiz

CAMPINAS
Rua Monte Aprazível, 74 – Chácara Barra
Campinas – SP – CEP 13090-764
Tel.: (19) 3233-8611
abscampinas@abs-campinas.com.br
Presidente: Bruno Vianna
Vice-presidente: Miguel Hatsumura
Secretária: Tatiana

LITORAL PAULISTA
Av. Almirante Cochrane, 62 – Aparecida
Santos – SP – CEP 11040-002
Tel.: (13) 8849-0229
sec.abslitoral@gmail.com / lasocieta@gmail.com
Presidente: Antonio Augusto Marques Barbosa
Vice-presidente: Fabio Castello
Secretária: Eliane

SÃO CARLOS
Rua São Pio X, 426 – Bela Vista
São Carlos –SP – CEP 13574-260
Tel.: (16) 3374-4228
abs @abs-saocarlos.com.br
Presidente: Eustáquio P. Fragalle
Contato: Mario Francisco Mucheroni

SOROCABA
Av. Engenheiro Carlos Reinaldo Mendes, 1.320
Jardim Pelegrino
Sorocaba – SP – CEP 18013-280
Tel.: (15) 2104-0048
www.abs-sorocaba.com.br
Presidente: Rosemeire Fernandes Garcia
Vice-presidente: Maria Bernardete Sartorrelli

VALE DO PARAÍBA
Rua Antonio Rodrigues Arzão, 77
Jardim Esplanada
São José dos Campos – SP – CEP 12242-600
Tel.: (12) 3923-4580
contato@abs-valedoparaiba.com.br / secretaria@abs-valedoparaiba.com.br
Presidente: Fernando A. J. P. Basile

Ilustrações

1.

2.

1. Alguns dos utensílios do sommelier.

2. O *tastevin*, símbolo da nobre profissão de sommelier.

3.

4.

3. A cesta de vinho é um utensílio indispensável para transportar garrafas de vinho envelhecido. O rótulo da garrafa deve ficar para cima, para ser apresentado ao cliente.

4. A jarra de decantação, ou *decanter*, proporciona a perfeita oxigenação do vinho.

5.

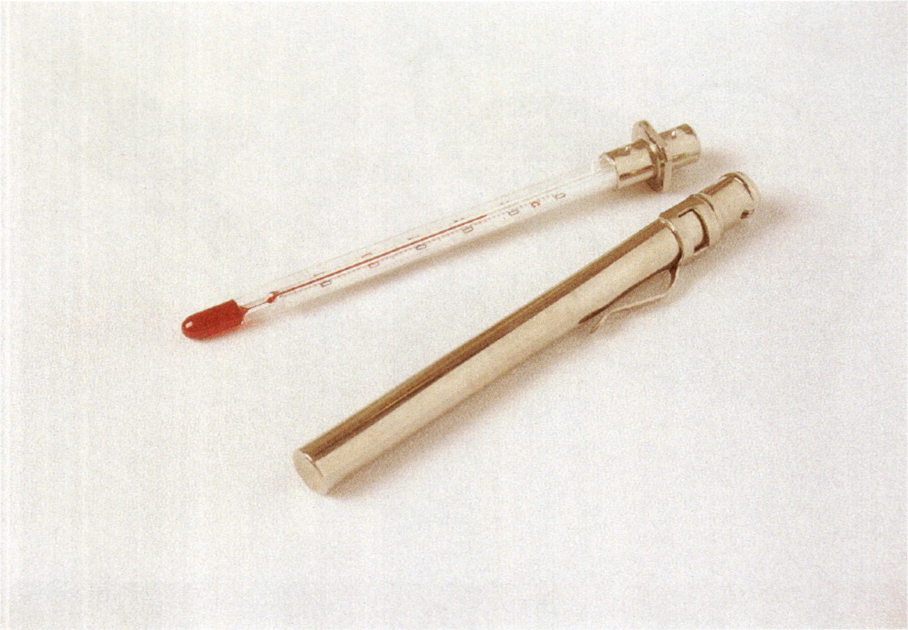

6.

5. O termômetro é utilizado sobretudo pelo sommelier principiante.

6. Tipos de rolha.

7.

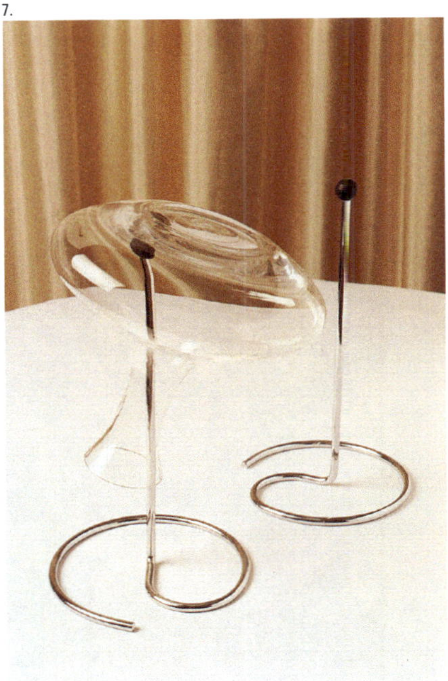

8.

9.

7. Escorredores de *decanter.*

8. Tenaz, utensílio utilizado para cortar o gargalo da garrafa do vinho do Porto.

9. *Decanter* específico para vinhos muito velhos ou vinho do Porto com sedimentos.

10.

11.

12.

13.

10. Os vinhos brancos são levados ao cliente dentro de um balde, que é colocado sobre um suporte ou sobre a mesa (usa-se um guardanapo para secar a umidade que se forma com a condensação).

11. Jamais se coloca a garrafa de vinho vazia emborcada no balde. Também não se deve jogar a rolha dentro do balde.

12. Adega climatizada.

13. As garrafas de vinho são armazenadas nos compartimentos da adega sempre na posição horizontal.

14. A disposição dos convidados à mesa permite ao sommelier servir os vinhos segundo as regras de prioridade.

Ordem de disposição dos clientes à mesa

14.

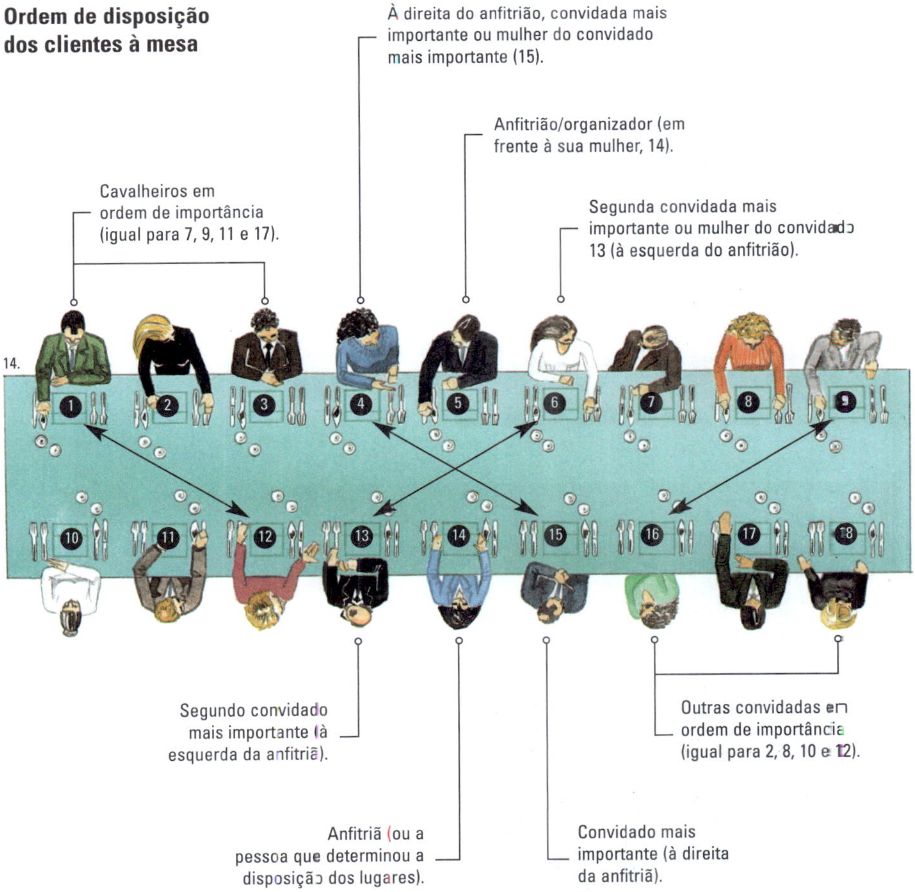

As setas mostram vínculos conjugais.

Ilustração: Emilio Merico

15a.

15b.

15c.

15a, 15b e 15c. As três fases da degustação: análise visual, olfativa e gustativa. Sommelier Marcos Lima, do restaurante Locanda della Mimosa.

16a.

16b.

16c.

16a. A abertura de uma garrafa de vinho espumante ou branco pode ser feita no balde ou sobre a mesa de serviço. O Comité Interprofessionnel des Vins de Champagne (CIVC) recomenda tirar a garrafa de dentro do balde para servir. Em primeiro lugar, remover a cápsula que envolve a boca da garrafa.

16b. Em seguida, retirar a gaiola que segura a rolha.

16c. Por último, segurar a rolha com o auxílio de um guardanapo de pano e puxá-la cuidadosamente com a garrafa inclinada a 45°.

17a.

17b.

17c.

17a. A *mise-en-place* para a abertura de uma garrafa de vinho inclui um saca-rolhas profissional, dois pires, um guardanapo de tecido e uma taça para degustação ou o *tastevin*.

17b. Cortar a cápsula na altura da rosca e colocá-la sobre o pires ou no bolso do paletó.

17c. Limpar o gargalo da garrafa com o guardanapo.

17d.

17e.

17f.

17d. Centralizar a ponta do saca-rolhas na cortiça e rodar no sentido horário, sem deixar que a espiral ultrapasse a base da rolha.

17e. Cheirar a rolha para verificar possíveis anormalidades. Retirá-la do saca-rolhas (o que pode ser feito com o guardanapo) e colocá-la no segundo pires.

17f. Limpar o gargalo por dentro e por fora com o guardanapo.

18a.

18a. A *mise-en-place* para decantação compreende uma jarra de cristal com gargalo estreito, uma taça de degustação, uma vela com castiçal, fósforos, um saca-rolhas profissional, um guardanapo de tecido e dois pires.

18b. Acender a vela com o fósforo (é melhor fazer isso antes de abrir o vinho para que o cheiro de enxofre já tenha se dispersado).

18c. Segurar a garrafa pela base com a mão direita ou esquerda, mantendo-a inclinada. Posicionar a chama da vela por trás da garrafa, para que a luz revele possíveis sedimentos. Verter lentamente o vinho da garrafa para a jarra, parando assim que um sedimento aparecer no gargalo.

18d. Verificar a limpidez do vinho na jarra com ajuda da luz da vela.

18e. Apagar a vela sem assoprar a chama. A rolha pode ser deixada sobre um dos pires ou num prato na mesa do cliente.

18b.

18c.

18d.

18e.

19a.

19b.

19c.

19a. Apresentar a garrafa pela esquerda do cliente e de forma que ele possa ver o rótulo. Então, anunciar, com voz clara e baixa, o nome do vinho, do produtor e, finalmente, o cru e a safra.

19b. Verter o vinho na taça de degustação e prová-lo rapidamente, de pé, ao lado do cliente; se estiver ruim, substituí-lo, explicando o motivo. Se a prova não indicar nenhuma anormalidade, proceder ao serviço do vinho.

19c. Servir um pouco do vinho, como se faz com todas as bebidas, pela direita do cliente que o escolheu. Se ele gostar, prosseguir servindo as demais pessoas à mesa, respeitando a ordem de prioridade; depois, completar a taça de quem pediu o vinho. Importante: se o cliente disser que o vinho não está bom ou não é do seu agrado, substituir a garrafa sem discutir, perguntando antes qual vinho ele deseja degustar.

A Editora Senac Rio de Janeiro publica livros nas áreas de
Administração e Negócios, Beleza e Estética, Ciências Humanas,
Comunicação e Artes, Desenvolvimento Social, Design, Educação,
Turismo e Hotelaria, Gastronomia e Enologia, Informática,
Meio Ambiente, Moda e Saúde.

Visite o site **www.rj.senac.br/editora**, escolha os títulos
de sua preferência e boa leitura.

Fique atento aos nossos próximos lançamentos!
À venda nas melhores livrarias do país.

Editora Senac Rio de Janeiro
Tel.: (21) 2545-4819 (Comercial)
comercial.editora@rj.senac.br

Disque-Senac: (21) 4002-2002

Este livro foi composto na tipologia Giovanni Book 10.5/16,
por Ronaldo Ramos, e impresso pela Finaliza Editora e Indústria
Gráfica Ltda., em papéis *offset* 90g/m² e *couché matte* 150g/m²,
para a Editora Senac Rio de Janeiro, em agosto de 2014.